FUMU ZHEYANGSHUO HAIZI CAIKENTING
FUMU ZHEYANGJIAO HAIZI CAIYOUXIU

父母这样说
孩子**才肯听**

父母这样教
孩子**才优秀**

郭志刚◎编著

北京工业大学出版社

图书在版编目（CIP）数据

父母这样说，孩子才肯听　父母这样教，孩子才优秀／
郭志刚编著．—北京：北京工业大学出版社，2018.3
ISBN 978-7-5639-5936-5

Ⅰ．①父…　Ⅱ．①郭…　Ⅲ．①儿童教育－家庭教育
Ⅳ．① G782

中国版本图书馆 CIP 数据核字 (2018) 第 001307 号

父母这样说，孩子才肯听　父母这样教，孩子才优秀

编　著： 郭志刚
责任编辑： 王　喆
封面设计： 周　飞
出版发行： 北京工业大学出版社
　　　　　　（北京市朝阳区平乐园 100 号　邮编：100124）
　　　　　　010-67391722（传真）　bgdcbs@sina.com
出 版 人： 郝　勇
经销单位： 全国各地新华书店
承印单位： 香河利华文化发展有限公司
开　　本： 787 毫米 ×1092 毫米　1/16
印　　张： 16
字　　数： 191 千字
版　　次： 2018 年 3 月第 1 版
印　　次： 2018 年 3 月第 1 次印刷
标准书号： ISBN 978-7-5639-5936-5
定　　价： 35.00 元

前　言

　　每一对父母都把孩子当作家庭的重心，孩子也都承载着父母的希望，但并非每个孩子都能成为人中龙凤。这是因为孩子未来的成就很大程度上源自父母的教育，而在父母的教育中，又以沟通和言传身教最为重要。

　　出类拔萃的孩子多是良好的家庭教育的成果，而问题孩子则多是家庭教育缺失或者不到位的产物。孩子的很多优点和问题大多不是与生俱来的，而是父母素质的折射，父母往往是孩子优点的培养者和问题的制造者。所以当孩子出现问题时，父母首先要做的并非是责骂孩子，而是反省自己：是否与孩子进行了充分有益的沟通？是否了解孩子内心的想法？是否恰当地表扬或者批评孩子？是否平心静气地和孩子聊家常……

　　在教育孩子时，父母要先学会了解孩子。面对"00后"的孩子们，很多"70后"、"80后"的父母都无所适从。双方在意识形态、思维方式等方面存在不同，父母耳提面命的问题，孩子们往往不以为然；孩子们追求崇尚的事物，父母往往嗤之以鼻，由此导致双方在很多方面出现不可逾越的鸿沟，即代沟。

代沟的确普遍存在，但并非不可逾越。为了更好地了解孩子，父母可以适当关注孩子们喜欢的事物，如当红的明星、各种休闲游戏、新的时尚观念、流行语等。在接触新事物的过程中，父母也许能够找到与孩子的共同语言。对孩子而言，倘若父母很时尚、很开放，他们也愿意主动与父母沟通。

因此，要想更好地教育、培养孩子，就必须解决亲子沟通的问题。父母适当做出改变，寻找与孩子的共同语言，就能融入孩子的世界，拉近亲子之间的距离。具体方法有：多倾听少唠叨、与孩子换位思考、建立民主的家庭氛围等。

需要强调的是，"唠叨"是一种让人反感的沟通方式。父母在与孩子聊生活、聊学习时，切忌一味地唠叨，要先让孩子表达自己的观点，引导孩子抒发自己内心的感受，如此才能更好地认识孩子、理解孩子，在选择教育方式时也才能有的放矢。此外，即便孩子犯了错误，父母也要重视倾听，给孩子解释的机会，打开孩子的心扉，如此能够更好地帮助孩子认识、改正错误。

苏联作家亚历山德罗维奇·法捷耶夫曾说过："青年的思想越被范例的力量所激励，就越会发出强烈的光辉。"可见，言传身教对孩子的成长至关重要。在日常生活中，父母要注意自己的言行、调节自己的情绪、提升自身的修养、树立远大的理想，时时刻刻给孩子做好榜样，让孩子拥有正确的三观、健康的身心和出色的能力。

本书立足于家庭教育的实际需求，从孩子生活和学习中的点滴入手，以培养优秀的孩子为目标，从如何与孩子沟通、如何关爱孩子、如何给孩子做榜样等方面，向父母讲述了教育孩子过程中的关键点，让父母更称职、更智慧，让孩子更出色、更强大。

目　录

下篇　父母这样教，孩子才优秀

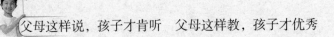

上篇

父母这样说，孩子才肯听

第一章　优秀的孩子是表扬出来的

一句鼓励成就孩子一生

父母都有望子成龙之心，但是大多苦于找不到合适的教育方法来帮助孩子成才。其实，如果把握好了，父母只需要说一句鼓励的话，就能够成就孩子的一生。

许多父母可能意识不到，自己无意间的一句话会给孩子的一生带来巨大的影响，如果父母在管教孩子时说一句"其实你很棒"，那么孩子就会受到很大的鼓励，并听从父母的引导，慢慢努力，最终取得一定的进步，甚至还会做出很大的成绩。反之，如果父母在孩子考试失利或者犯了错误时说"你真是糟糕透了"，那么孩子就会受到很大的打击，也许还会一蹶不振、自暴自弃。因此，想要好好管教孩子，让孩子成为父母心中的"龙凤"，父母就要好好利用鼓励的作用，也许你们的某一句鼓励的话就能够成就孩子的一生。

岳秋林的成绩一直不太理想，虽然不是后进生，但每次考试都属于中下流。在学校里，老师并不是很重视她，很少对她进行指点和引导。在家里，父母工作都很忙，不太关心她的学习，也很少责备她。

虽然没有受到任何人的批评，但岳秋林很痛苦，每天都过得不开心。

一天放学后，岳秋林又垂头丧气地回到家里，简单地和爸爸妈妈打了招呼后便躲在房间里不出来了。

"这孩子，怎么一回来就钻进自己的房间里？"妈妈不高兴地说。

"可能是遇到什么不顺心的事了，你去看一看。"爸爸冷静地说。

"好吧。"妈妈听了觉得有道理，便去敲了敲女儿房间的门，同时问道："我能进来吗？"

"可以。"岳秋林回答的声音很小。

妈妈推门进去，看见女儿的眼睛红红的，关心地问："怎么啦？有什么不开心的事，能和我说说吗？"

"妈妈，我们的考试成绩又下来了，我还是没有进步。我已经上初二了，这个时期很重要，万一基础没有打好，就没希望考入重点高中了。"岳秋林伤心地说。

"孩子，其实你不比任何人差，只要方法对了，再加上自己的努力，总会取得进步的。"妈妈听了笑着对她说。

"真的吗？"岳秋林很少听到妈妈的夸奖，她有点不敢相信。

"当然是真的，别太难过了，好好想想提高自己成绩的办法，遇到难以解决的问题可以问老师，也可以找爸爸妈妈帮忙。"妈妈微笑着说道。

"嗯。"岳秋林笑着点点头。

得到妈妈的鼓励后，岳秋林冷静地想了想自己的不足之处，又认真分析了优等生们的学习方法。经过一段时间的努力后，她果然取得了明显的进步。

"孩子，你真棒！"爸爸妈妈看着岳秋林的成绩单高兴地说。

"其实都是妈妈的功劳。"岳秋林高兴地说。

"怎么是我的功劳呢？"妈妈笑着说。

"您的一句鼓励的话让我认识到，原来自己也是可以成为优等生的。"岳秋林笑道。

故事中的岳秋林之所以能够取得进步，最关键的是得到了妈妈的鼓励，而妈妈的鼓励也只是一句简单的"其实你不比任何人差"。可见，父母不经意的一句夸奖是能够起到很大作用的，它有一种特殊的力量，能够推动孩子不断地努力，从而取得进步。

卡耐基是美国的"现代教育之父"，也被赞为"20世纪伟大的成功学大师"。很多人认为，卡耐基小时候应该是一个很听话的孩子，所以才能够取得这么大的成就，但事实恰好相反，小时候的他很淘气，经常给父母找麻烦。

"该死的，你又做了什么？"一次，卡耐基在和伙伴们玩耍时把家里的钟表摔坏了，父亲非常生气。

"只是一个钟表而已，没什么大不了的。"面对怒目圆睁的父亲，卡耐基不以为然地说。

"你真是镇子上最可恶的孩子，上帝啊，我怎么会有你这样的孩子！"父亲大声骂道。

这时，母亲走过来说："别这么说，我们的儿子很好，比很多男孩都好，说不定还会成为镇子上最有成就的人呢！"其实母亲只是随意说的，她不想再听到丈夫责骂卡耐基，便打断了他的话。

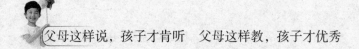

卡耐基听了这话心里不禁震了一下，他从来都不知道，原来母亲对自己的期望这么高。为了不辜负母亲，他很快改掉了自己的坏毛病，变得越来越像一个好孩子。长大之后，他果然成为镇子上很有名气的人。

有的父母也经常鼓励自己的孩子，但是却没有感觉到有哪一句能够成就孩子的一生。其实，鼓励的话大多时候是不需要特意去事先准备，父母只需要记住，在孩子心情沮丧或者遇到挫折时，尽量不要再对他进行言语上的打击，应该适当地给予鼓励，其目的一是为了让孩子从悲伤的情绪中走出来，鼓起勇气重新奋斗；二是为了让孩子正确认识自己，找到解决问题的方法。这样做以后，你会偶然发现，自己的孩子取得进步了，而且通常情况下你并不清楚其中的原因，也许就是某一句鼓励的话起了作用。

目标明确地告诉孩子"你真棒"

如今的父母大多意识到了鼓励的作用，在管教孩子时都增加了表扬的成分，但有的父母陷入了误区，觉得表扬越多，孩子就更容易取得进步，其实这是错误的。当父母给予孩子的表扬太多时，孩子可能会出现麻木、自大等倾向，特别是如果父母经常说"你真棒"、"你真聪明"、"你很好"等言语时，就会对孩子产生一定的不良影响。

很多教育专家都表示，频繁的表扬会导致孩子的自负之心膨胀，从而变得高傲自大、唯我独尊。如果父母一直用这种方式来管教孩子，不但不能帮助孩子健康、快乐地成长，还会让孩子表扬不以为然，使表扬的效果大打折扣，并失去激励孩子的作用，甚至还会把孩子引入歧途。因此，父母在表扬孩子时要有针对性和选择性，明确告诉孩子他哪里做得好，这样孩子才会知道怎样加强自己、取得更大的进步，表扬也才能发挥真正的作用。

　　金小雅是在爸爸妈妈的表扬中长大的，无论她做什么，爸爸妈妈都会说："小雅，你真棒，你是最棒的！"因此，小雅自己也觉得"我很棒，我是最棒的。"

　　一次，小雅和妈妈出去散步。路上，她们碰到了小丽母女俩。妈妈高兴地说："你们家小丽长得真漂亮！"

　　"哪里啊，哪儿比得上你们家小雅。"小丽妈妈笑着说。

　　"小丽最懂事了，学习又好，真是个难得的好孩子。"妈妈接过话茬，继续夸奖道。

　　"谁说的，上次考试她还不及格呢！"小雅见到妈妈不停地夸奖小丽，心里很不是滋味，于是连忙接了一句。小丽听了顿时满脸通红，低下头一句话也没有说。

　　"看你说的，胜败乃兵家常事，考试失利也是很正常的。"妈妈见小丽母女很尴尬，赶紧说了一句。

　　"唉，这孩子本来学习就不怎么样，不及格也不是这一次了，我都知道。她要是像你们家小雅那么优秀，我就不愁了。"小丽妈妈附和着说。这时，小丽的脸色由红变白，很难看。

　　看见小丽难堪的样子，妈妈感到很抱歉，而小雅却有几分得意。回到家后，妈妈生气地说："你怎么能当面揭小丽的短呢？"

　　"我不过是实话实说，并没有故意揭她的短，再说了，我才是最棒的，您干吗一直夸她啊？"小雅理直气壮地说。

妈妈听了觉得很奇怪，怎么平时乖巧的女儿变得这么不讲理了？看着高扬着下巴的女儿，妈妈百思不得其解。

故事中的小雅之所以容不得妈妈夸奖其他的孩子，就是因为父母在平时给了她太多"你真棒"似的鼓励，让她产生了自高自大的心理。其实，我们都能够体会得到，如果父母给孩子的表扬太过频繁和笼统，孩子就不能清楚地认识到自己的优点，觉得自己每个方面都很优秀，是个全才，由此便目中无人，自高自傲。因此，父母在对孩子进行管教时，要尽量避免频繁且笼统地表扬，而应有针对性、有选择性地夸奖，明确告诉孩子他好在哪里，这样才有助于更好地促使孩子进步。

不过，很多父母在表扬孩子时经常是心不在焉的，或者只是象征性地敷衍一下，当孩子取得好成绩或者做了一件值得表扬的事情时，如果父母只说一句"你真棒"，尽管既简单又能表达意图，但是，这种偷工减料的表扬方式对孩子起不到什么作用。夸奖孩子还是要具体一点，详细地说出孩子为什么会受到表扬，这样才能够激励孩子不断进步。

"咦，奇怪，怎么今天洋洋的房间这么干净？"妈妈下班后打扫房间时发现了一件奇怪的事情，洋洋的房间居然干净又整洁。一般情况下，洋洋的房间总是很乱的，而且从来不收拾，每次都要妈妈亲自动手整理。

吃晚饭的时候，妈妈笑眯眯地问洋洋，"今天你收拾自己的房间了？"

"对啊。"洋洋边吃边说，他并没有觉得这个举动有什么奇怪的。

"妈妈还真不知道，原来你打扫房间的水平挺高的，最近也变得爱干净了，不错，不错！"妈妈高兴地说。

"呵呵，我只是随便打扫一下。"洋洋虽然嘴上这么说，但其实他的心里很高兴，而且在后来的日子里，他打扫房间的次数就越来越多了。

如果故事里的妈妈只是简单地夸奖洋洋说"你真棒"，那么洋洋有可能感觉不到太有力的鼓励，因为这句夸奖没有什么特别之处，很难产生激励作用。所以，孩子做事时不偷懒，父母在表扬孩子时也不能偷懒。当父母详细、正确地举出孩子的优点并有针对性地进行表扬时，就会和孩子产生共鸣，于是孩子便会开心地接受，而且他还会在这一方面更加努力，争取再次得到父母的夸奖。

有针对性地表扬孩子是一门很深的学问，父母要抓住时机，正确向孩子传达信息。如果孩子改掉了自己的爱拖拉的毛病，父母要说"真好，做事越来越利索了"；如果孩子的胆子变大了，父母要说"我们家孩子越来越勇敢了"，这样的话语能够让孩子认识到，在这一阶段他有了哪些具体的进步，而且还有多大的进步空间，这样一来，不但能够肯定孩子的努力，也能够引导孩子更好地成长。

不要让表扬成为口头禅

在日常生活中，大多数人都喜欢新鲜、刺激的事物，因为这样的事物更能吸引人的注意力，调动起人们的积极性。话语也是一样，我们大多不喜欢听别人总说同样的话，即便要表达同一个意思，我们也希望对方能够换个说话的方式和角度，这样听起来才不会腻烦。

有些父母在表扬孩子的时候，经常说"你真不错"、"继续努力"等话，而且无论孩子取得什么样的进步，父母总是用这几句来夸奖他。起初孩子还比较重视父母的这几句表扬的话，但时间一长，这几句话就会变得索然无味。父母表扬孩子，为的是激起孩子的热情，鼓励孩子进步，如果孩子对父母的表扬感到厌倦，那么表扬的作用就会减弱，有时甚至还会起到反作用。

升上中学以后，阿俊的成绩就在不断地上升，父母都很高兴。但是，阿俊的爸爸不擅长表扬孩子，每次鼓励阿俊时都只说："嗯，不错，继续努力。"

阿俊第一次考了80分时，爸爸拿着他的试卷，高兴地说："嗯，不错，继续努力。"阿俊听了也高兴地说："好，我会努力的。"

第二次，阿俊又考了不错的成绩，爸爸还是说："嗯，不错，继续努力。"阿俊依然笑着回答："我下次一定比这次考得更好。"

接连几次，爸爸的话还是一样的："嗯，不错，继续努力。"渐渐地，阿俊觉得腻烦了，他越来越不喜欢爸爸这句"口头禅"。

一次，考试成绩又下来了，这次是英语考试，但阿俊故意不拿给爸爸妈妈看。一天，妈妈打扫房间时发现了阿俊的英语试卷，打开一看，居然是99的高分，于是心想："这孩子，考了好成绩怎么还藏着掖着？"

阿俊下午放学后，妈妈走进他的房间，问道："儿子，为什么把考试卷藏起来啊？"

阿俊看了看妈妈，皱着眉头说："我不想听爸爸说'嗯，不错，继续努力'，都好几次了，他总是这两句，我听烦了。"

"儿子，爸爸是真心替你高兴的，他只是不知道怎么表达而已。"妈妈笑着说。

"我知道，只是我不想听那句话。"阿俊摇摇头。

"好了，儿子，咱们把成绩告诉你爸爸，让他高兴高兴，管他说什么呢。"妈妈笑道。

"他一定会说'嗯，不错，继续努力'，算了，我再听一遍就是了。"阿俊无奈地笑道。

爸爸回来了，妈妈把试卷拿给他看，笑着说："咱们的儿子越来越有出息了，你看。"

爸爸一看，99分，高兴地说："嗯，不错，继续努力！"

母子二人听了之后都哈哈大笑起来，爸爸抓了抓头皮，纳闷道："你们在笑什么？"

妈妈笑道："没什么，没什么。"

阿俊也笑着附和道："没什么，没什么。"

故事中的爸爸本来是真的替儿子的进步感到高兴，但是，他那句像口头禅一样的表扬让儿子很是反感，甚至做出了向爸爸隐瞒成绩的举动。因此，父母如果想要让自己的表扬更有效果，就要想办法改变自己一成不变的表扬词汇，以免让孩子觉得腻烦，使你的表扬效果大打折扣。

当孩子取得进步时，父母要及时对孩子进行表扬，而且表扬的话语不能千篇一律，否则孩子就会对父母的表扬失去兴趣。如果父母一时想不出什么新鲜的表扬词，可以换个角度来鼓励孩子，比如给孩子提出一点要

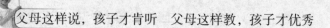

求，为孩子的进步指明一个方向，等等。比如可以对孩子说："这次表现得很好，下次要是再认真一点就更好了"，"你的努力是有目共睹的，再重视一下技巧会更好"，这样就能够避免重复说类似的表扬词，孩子也会对父母富于变化的鼓励话语感兴趣，从而听从你的管教。

其实，除了口头表扬之外，父母还可以采用其他的方式表扬孩子。

"哟，儿子，你的英语成绩这么好啊！"妈妈看到儿子的英语试卷后，高兴地说。

"嗯，我本来就喜欢英语。"儿子笑道。

"那你的口语呢，水平如何？"妈妈问道。

"一般般吧，平时没时间练习，不过我一直想提高一下。"儿子笑着回答。

"嗯，我的儿子真优秀。"妈妈抱着儿子又夸又亲的，爸爸在一旁看报纸，一句话都没有说。

下午，爸爸下班回家，从包里拿出两张学习英语口语的光盘，递给儿子说："喜欢英语就好好练习，爸爸相信你。"

儿子听了很感动，他没有想到，平时只会说"不错、不错"的爸爸居然会买英语光盘来鼓励自己。于是，儿子接过光盘，高兴地说："嗯，我一定好好练习，谢谢爸爸！"

故事中的爸爸不善言辞，更不懂得如何变换语言来表扬自己的儿子，但是他换了一种方式来鼓励儿子，不但表达了自己对儿子的赞扬和期望，也给儿子指出了一条很明晰的路，让儿子不断地进步。生活中，父母不妨学一学故事中爸爸的做法，换个角度来表扬自己的孩子。如果孩子喜欢数学，那就买两本参考书给孩子，鼓励孩子继续钻研；如果孩子喜欢音乐，就买一个他喜欢的乐器，激励他更进一步。

在外人面前给孩子点个赞

在管教孩子时，父母大多比较重视表扬的作用，但是怎么表扬才更有效果呢？除了要注意表扬的力度、方式、态度等外，还要注意表扬的场合。事实证明，在别人面前适当地表扬孩子的效果更明显。当父母对别人说"我的孩子很勤快、很优秀"等话语时，孩子会产生巨大的成就感，自信心也会大增，于是，他们学习和做事的积极性就会增强，从而取得更大的进步。

反之，如果父母在家里夸奖孩子，在别人面前却批评孩子，就会严重地伤害孩子的自尊心和自信心，时间久了就会形成自卑的心理，对其成长也会有很大的负面影响。因此，在别人面前要适当地表扬孩子，不但能够增强孩子的自信心，也能够增进亲子关系，让父母的管教更有意义。

妈妈一大早就把飞飞叫起来，"快点起床，陪妈妈去买菜！"

飞飞懒懒地说："好吧，又让我当免费搬运工。"

路上，他们碰到了小磊妈妈，两位母亲高兴地打了招呼，"这么早啊，小磊妈妈。"

"你早啊，我也要到市场去买点菜。"小磊妈妈看见飞飞，笑道："你们家飞飞真勤快，还和你一起买菜呢！"

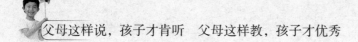

　　妈妈看了飞飞一眼，说："他呀，懒死了，要不是我死拉硬拽，现在他还躺在床上做梦呢。"

　　飞飞听了有点不自在，连忙低下头看着菜篮子，假装没有听她们的对话，但是妈妈尖刻的话语还是钻进了他的耳朵。

　　"不但懒，还不上进，你不知道，我和他爸爸为他的成绩发愁，头发都白了好几根，可是他呢，一点都不在意，真是让人头疼。"妈妈抱怨道。

　　"看你说的，飞飞的成绩不是挺好的吗？比我们家小磊强多了。"小磊妈妈笑着说。

　　"哎呀，他要是有你们家小磊一半懂事就好了。"妈妈叹气道。

　　"还走不走了？有什么可聊的！"飞飞听不下去了，催促妈妈道。

　　"看看你，说两句还不耐烦了，有本事就表现好点，让我无话可说啊。"妈妈不依不饶地说。

　　"你不走我走！"飞飞说着提起菜篮子就走。

　　"你着什么急啊，菜还没有买呢！"妈妈在后面大声嚷道。

　　"不买了，回家！"飞飞头也不回地走了。

　　回到家后，妈妈开始准备午饭，同时说道："儿子，快来帮妈妈做饭，我一个人忙不过来。"

　　"我这么懒，又不上进，哪能帮您做饭啊？您还是自己来吧。"飞飞一边看电视一边说，完全不把妈妈的话当回事。

　　父母批评孩子是很正常的事情，但不能不顾场合。如果故事中的妈妈是在私底下批评飞飞，那么飞飞还有可能接受，但妈妈却选择在别人面前公开数落飞飞，飞飞的自尊心受到了伤害，不但不承认自己的错误，反而和妈妈唱反调，形成了逆反心理。童话作家郑渊洁说过："欣赏、鼓励和赞美要在众人面前进行，而批评则是两个人之间的事，并且要和风细雨。"不过在生活中，很多父母都习惯在别人面前批评孩子，以为这样是谦虚的表现，其实，这种做法会严重伤害孩子的自尊心，很不利于父母对其进行管教。

表扬孩子是为了激励孩子进步，当着别人的面对孩子进行适当的表扬更能起到激励的作用。当你在别人面前赞扬你的孩子时，首先，孩子会认为，你很认可他，然后对你产生感激之情，对增进亲子关系很有帮助。其次，你的表扬令让别人认识到，你的孩子是很优秀的，他们不但会羡慕你，还会跟着你一起夸赞孩子。此时，孩子就会觉得很有面子，从而自信心大增，荣誉感、成就感增强，由此变得更加积极上进。否则，便会给孩子带来很大的负面影响。

宝莲妈妈在小区院子里散步，碰到了邻居张阿姨，便和她交谈起来。

"我们家宝莲啊，一点都不爱干净，经常把自己的房间搞得乱七八糟的，而且还要我来收拾，真是头疼。"宝莲妈妈抱怨道。

"我们家燕华倒是挺爱干净的，房间都是自己收拾，我很放心。"张阿姨笑着说。

听了张阿姨的话，宝莲妈妈更是恼火，又开始数落宝莲的各种缺点。

燕华和宝莲刚好是同班同学，第二天上学的时候，燕华说："宝莲，听说你经常把自己的房间弄得很乱啊。"

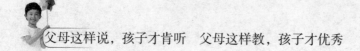

"什么？谁告诉你的？"宝莲听了又羞又恼。

"我妈妈说的，大概是你妈妈告诉她的。"燕华说。

宝莲听了很生气，替自己解释说："我妈妈是小题大作，哪有的事，我的房间一直都是很整洁的。"虽然自己不断地解释，但同学们还是为此嘲笑了她很长时间。

虽然当时宝莲不在场，但妈妈的批评还是给她带来了很不好的影响，同学们都认为她是一个不爱干净的女孩，为此宝莲很是尴尬。因此，无论孩子在不在场，只要是当着别人的面，父母都要尽量不指责孩子。有的父母认为，"孩子又不在场，就算说他几句坏话也没大碍的。"其实不然，虽然孩子不在场，但父母的批评会让周围的人对孩子留下不好的印象，生活在这样的环境中，孩子肯定会受到影响。如果父母指责的话传到了孩子的耳中，他不但会羞愧，也会对父母产生反感，于是便更加不听父母的管教。反之，如果孩子从别人的口中听到了父母的夸奖，他就会开心地接受，并且争取取得更大的进步，这样比听父母当面夸奖更有效果。

夸孩子聪明不如夸孩子努力

生活中，很多父母都希望自己的孩子很聪明，而且也愿意听别人夸自己的孩子聪明，好像孩子聪明了自己才更有面子。其实，夸奖孩子聪明并不是什么好事。聪明通常是先天赋予的，并不能体现孩子后天的努力。如果父母总是夸奖自己的孩子聪明，那么他就会认为，"我很聪明，不用努力也能取得好成绩。"但事实并非如此，自恃聪明的孩子往往不思进取，从而不容易取得好成绩。

教育专家们曾做过一个实验：把一个班的学生分为两组，每组学生都要完成一道较有难度的题目，结果两组都完成得很好。专家对第一组的学生说："你们很聪明，完成得不错。"学生们听了都很高兴。专家对第二组的学生说："我知道，你们是靠自己的努力完成的，继续加油。"后来，专家又安排了很多道题目给这两组学生，结果发现，第一组的学生完成得很好，但挑选的题目越来越简单。第二组的学生速度相对要慢一些，但挑选的题目都更有挑战性。可见，夸孩子努力比夸孩子聪明更能激发孩子挑战自我、取得进步的热情。

安娜去朋友家做客，发现朋友的女儿杰西卡正在院子里鼓捣一辆自行车，便问："杰西卡在干什么？"

"昨天她骑车的时候不小心摔了一跤，结果车也被碰坏了，她很喜欢这辆自行车，所以决定把它修好。"朋友笑着解释说。

"一个女孩子，居然会修理自行车，太了不起了。"安娜感慨道。朋友笑了笑，就起身去厨房准备吃的了。

安娜来到院子里，走到杰西卡的身后，看她认真地拆卸和安装自行车的各种零件，样子很专注。不一会儿，她便将自行车修好了。

"杰西卡，你真是个聪明的孩子，居然把自信车修好了。"安娜高兴地夸奖她。

之后，安娜本以为杰西卡会开心地接受表扬，不想杰西卡却生气地说："不是聪明，是努力，我是靠自己的努力把车修好的，和聪明没有关系。"

　　"宝贝儿，我只是在夸奖你，你不用这么焦躁。" 安娜赶紧解释道。

　　杰西卡沉默了一会儿，点点头说："谢谢你的夸奖。"

　　从院子里返回屋中后，安娜问朋友："我夸杰西卡聪明的时候，她为什么不高兴呢？"

　　朋友笑道："因为从小我就告诉她，聪明是父母给的，她有的只是自己的努力。所以，她不喜欢别人夸她聪明。"

　　安娜笑道："我明白了，不过我还是要说，杰西卡非常聪明。"

　　朋友笑道："是的，这一点我一直没有怀疑过，只是我从来没有这样夸奖过她，免得她骄傲自满，由此就会变得懒惰。"

　　安娜点点头，很赞同朋友的观点。

　　当安娜夸奖杰西卡聪明的时候，杰西卡却反常地生气了，认为安娜忽略了自己的努力，因为她懂得，努力远比聪明更有赞赏价值。由此，父母在赞赏孩子的时候，尽量不要强调他聪明、漂亮等先天的优势，因为这些都是父母给予的，不是孩子凭借自己的努力得到的。在肯定孩子的时候，要说："你真棒，你所取得的成就都是靠自己的努力得来的。"听到这样的评价后，孩子会产生较强的成就感，也会继续努力，以便靠自己的实力得到自己想要的东西，或者达到自己预期的目标。

　　在日常生活中，很多父母都会因为自己的孩子不够聪明而苦恼，动不动就说，"你怎么这么笨啊？"这样不但不能帮助孩子进步，还会伤害孩子的自尊心。父母应该记住科学家爱迪生的一句话，"天才是百分之一的灵感加百分之九十九的汗水。"也就是说，所谓的天才并不是我们所说的聪明人，而是靠努力学习和钻研取得伟大成就的人。而且一个人是否能够有较大的成就，很大程度上不是天资的作用，而是取决于后天的努力。

我们常说："聪明往往只能决定人一时的成败，而努力则会决定人一世的命运。"因此，如果父母想好好地管教孩子，让孩子取得更大的进步，就要淡忘孩子的天资，向孩子传递努力奋斗的理念，让孩子正确认识努力的作用。

期中考试的成绩出来了，小顺的数学成绩有了很大进步，他高兴地把试卷拿给爸爸妈妈看。

"哟，不错，比上次好多了。"妈妈笑道。

"嗯，确实，我知道这是你用努力换来的，最近你一直很认真地学习数学，继续努力，争取下次考得更好。"爸爸也高兴地说。

"好，我一定努力。"小顺听了父母的话很高兴，特别是爸爸的夸奖，还肯定了他近一段时间以来的努力。为了能让父母更开心，小顺便更加努力地学习数学，运算能力和思维能力都得到了很大的提高。在期末考试的时候，他的数学成绩又有了很大的进步。

故事中的小顺得到父母的肯定后，变得越来越努力、勤奋，最后成绩又有了较大的飞跃。一般情况下，孩子之间的资质相差不了多少，之所以会出现优等生和后进生的现象，关键在于付出的努力不同。优等生大多用了很多时间来努力学习，而后进生则把学习的时间白白浪费掉了，这才让资质相似的人出现了成绩的巨大差异。因此，父母要多夸奖孩子付出的努力，让其认识到努力的重要作用，并逐渐取得进步。

第二章　成功的父母懂得如何全面关爱孩子

教孩子做一个微笑达人

人生就像是一面镜子，你如何对待它，它就会如何对待你。比如，孩子对朋友、同学不友善，那么朋友或同学也不会对他露出笑容。父母应及早让孩子明白这个道理，让孩子学会用微笑来面对自己的朋友或同学，也要用微笑来感染他人，面对人生。

莫小达是一个很讲义气、对人很有礼貌的男孩子，不管在校内还是校外，都受到小伙伴们的好评。

但渐渐地，莫小达有些自满自大起来，不再对人微笑，说话的时候也是一副趾高气扬的样子，他在小伙伴当中逐渐失去了好感，因此，大家都疏远他了。

最近，班上来了个转校生，是个高高大大，看起来很结实的男孩子，他叫王刚。因为王刚不仅学习成绩好、身材好，长得也很十分帅气，所以有一部分小伙伴便"投奔"了王刚。莫小达因此对王刚很不友善，总想着如何找他麻烦。

这天，正好轮到莫小达和王刚做值日，莫小达跷着二郎腿，很不客气地指挥道："喂，你去把黑板擦了，之后再把地扫了。要不然，小心我去老师那里告状。"

王刚一开始还听莫小达的话，把能干的活全干了，但一来二去，王刚就不乐意了。

于是，王刚叫莫小达一起打扫卫生，但叫了他一次、两次，莫小达都置之不理，稳稳地坐在椅子上玩手里的扑克牌。王刚急了，大声地说："我今天已经做了那么多事情了，你是不是也应该擦一下桌子，扔一下垃圾？"

莫小达装作没听见，依旧自己玩扑克牌，王刚顿时来了气，走过去把他的扑克牌夺过来，从窗户扔了出去。

这下子，莫小达恼了，两个人扭打在了一起，别的学生看到后，叫来了正要下班的班主任。

班主任看着他们两个，每人身上都脏兮兮的，幸好都没受伤。

"说吧，怎么回事？"班主任问。

"谁让他总是一副老大的样子，叫他做值日也不听，总是摆着一张臭脸，要多难看有多难看。"王刚小声说着，把事情的来龙去脉大致讲了一遍。

老师看着莫小达，问："他说的都是真的吗？"

"你不是也一样，以为学习好就有本事啊，话都不会好好说，还怪我脸色难看。"莫小达也不甘示弱地回应道。

"你们两个都有错。"班主任叹了口气，然后严肃地看着他们，给他们讲了个故事："一个年轻小伙子当上了推销员。虽然他工作起来非常努力，但效果总是不理想，以至于想放弃而去从事其他工作。

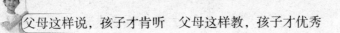

但有一天，当他遇到了一位老朋友时，老朋友问他为什么不微笑着面对生活中的一切呢？他这才恍然大悟。因为他总是愁容满面地去见客户，试想，有谁愿意跟这样一个人打交道呢？由此，也就不会给他好脸色。"

"而你们也是一样，因为一开始就对对方有成见，所以都不会微笑待人，最终变成现在这个样子。如果你们试着在和对方说话的时候笑一笑，我想，事情肯定会得到改变的。"

莫小达和王刚惭愧地低下了头，再抬头时，两个人会心一笑，刚才的吵架事件似乎从来没有发生过一样。

孩子往往不明白什么是微笑面对人生，在生活和学习中，也不善于控制自己的情绪，所以经常会完全顺着自己的心情来做事，一旦遇到类似故事中的事件时，就会出现发脾气或是打骂等不理智的行为。故事中的两个孩子由于彼此对对方都有成见，不会微笑待人，最终演变成"仇人"，进而又打又骂，幸好最后经过班主任的调解，两个人都认识到了自己的错误，对对方露出了笑容，完美地解决了彼此之间的矛盾。

在学校中有老师教育孩子，在日常生活中，就需要父母多关心孩子，当孩子遇到困难和挫折的时候，应多鼓励和安慰孩子，帮他分析问题，指出他错在哪里，教会他笑对人生，微笑着面对朋友和生活。

微笑是人类最美丽的表情，它不仅能使一个人心情愉快，还能消除不安和挫败感。当孩子遇到困难需要得到安慰时，如果看到别人都对自己微笑的话，相信他的心情一定会变好，就算有什么消极情绪，也会因此而逐渐消除。不仅如此，在与人的相处中，微笑代表着认可、好感与接纳。在孩子的性格还不完善时，如果父母教会孩子不管在任何时候先对他人微

笑，有助于孩子建立起和谐的人际关系。所以，父母要教会孩子微笑面对
人生，要让孩子知道微笑的好处，让他知道微笑的美丽是世界上的任何事
物都无法相比的。当孩子学会微笑后，再教他在心里不快时用笑容调解自
己的情绪，做一个"微笑达人"，这样，孩子就会更加懂得微笑的意义。

如果孩子和朋友发生了冲突而大声吵闹时，父母可以趁机教育孩子，
让孩子学会用微笑感染对方，而不是和对方发脾气，这样做不仅避免了争
吵，还帮孩子维护了友谊，可谓一举两得。

另外，微笑还能让孩子学会关心别人。

袁小佳的好朋友小典最近很不开心，因为最疼爱她的奶奶过世
了，这让小典十分痛苦，每天眼睛都哭得又红又肿，袁小佳很是担
心，想为好朋友做点什么，但又不知道应该做些什么。

袁小佳去问妈妈的时候，妈妈说，只要多关心他，让他心情愉
悦，就会慢慢变好的。

妈妈还说，真诚的笑容是最容易打动人的，并让袁小佳陪在小典
身边的时候多笑笑，用心去关心他。

听了妈妈的话后，袁小佳马上灿烂地一笑，用力点点头，冲出了
家门。他要让小典再现笑容。

就像故事中的妈妈一样，孩子的好朋友遇到了难过的事，这位妈妈教
孩子如何用微笑的力量去帮助对方。父母也可以借鉴这种方法，这样，当
孩子身边的朋友感到失落、难过时，他就可以用这种方法去安慰朋友，使
他重新开心起来，这样一来，不仅让孩子体会到了微笑的力量，还在无形
之中加深了朋友间的友谊。

男孩哭泣时，父母更应多一些安慰

"哭鼻子"并不是女孩的专利，男孩在成长的过程中也经常会因为一些不如意的事情而大哭大闹。面对这种情况，父母经常会失去耐心，对孩子打骂一顿之后了事。其实这种做法是不可取的。当孩子因为某些事情而受到打击而哭鼻子时，父母要多关心他，想办法鼓励和安慰孩子，而不是凶巴巴地指责他，这样只会让孩子不愿意和父母交流，渐渐和父母疏远。

石永亮是一个男孩，活泼开朗，聪明好学。升入小学四年级后，石永亮一心想当一名班干部，为同学、为班集体做些贡献，可没想到的是，老师竟然选了一名比他差的学生当班干部，他觉得很委屈，越想越难过，在回家的路上，眼泪就在眼眶里打起了转。

"儿子，你这是怎么了？"刚回到家，妈妈看到石永亮眼圈红红的，就问："是不是在学校被人欺负了？"

"不是，是老师……老师不让我……呜……"石永亮话没说完，就呜呜地哭了起来。

妈妈眉头一皱，板着脸说道："一个男孩子，成天哭哭泣泣的像什么样子，不准哭，再哭妈妈打你屁股了！"

石永亮见妈妈不仅不替自己打抱不平，还要打自己屁股，心里更委屈了，嘴一咧，哭得更凶了。

妈妈见状，走过去就朝石永亮的屁股打了起来，石永亮挣脱着跑回了自己的房间并反锁了房门，不管妈妈在门外怎么敲、喊，他都装作听不见，蒙着被子呜呜地哭着，直到哭累了，才抽泣着进入梦乡。

妈妈在门外又急又气又后悔，恨自己没问清楚儿子到底发生了什么事情，可就算自己有错，一个男孩子一开口就哭哭泣泣的也不对啊，真是越想越郁闷。

从这天开始，妈妈发现石永亮变得不太爱和自己说话了，自己喊他的时候，他也经常躲着或者一直低着头说话。曾经活泼开朗的石永亮，现在变得十分的内向，不爱说话。

在生活中，很多父母看到自己的孩子遇到挫折或受到打击而哭泣时，都会像石永亮的妈妈那样教育孩子，而不是帮助孩子渡过难关，给他们多一些的安慰和理解。在父母的眼中，自己的孩子是个男孩，就应该坚强些，即使身体受伤或受到打击也不应该像女孩那样哭哭啼啼，他们认为，男孩一旦养成哭鼻子的习惯，长大后也会变得柔弱、不敢勇于面对困难。这样的男孩怎么能成为家里的顶梁柱呢？的确，父母的担忧不无道理，他们的想法是好的，但是，他们忽略了一点，那就是对孩子进行情感教育时，要根据他的年龄，也要区分具体情况，不能搞"一刀切"的强制式要求。

那么，父母面对哭啼不止的男孩，到底应该怎么做呢？以下三点可供参考。

第一，不要强制要求孩子不准哭。当孩子在遇到挫折而哭泣时，父母不应一味地责备，不让他哭，反而应该允许孩子哭出来。对成人来说，偶

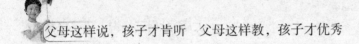

尔的流泪哭泣是一种释放压力的方式，对孩子来说，更是如此。哭，既是孩子宣泄不良情绪的一种常用方式，也是向父母求助的一种信号，更是对自己能力不及的一种反映，还是孩子自我疗伤的一种手段。

第二，当孩子哭泣的时候，父母应多给予关心和安慰，等孩子哭够了，把心中的不良情绪完全宣泄出来后，再向他询问事情的经过，和他一起讨论问题的解决方法，让他的注意力逐渐转移到如何分析和解决困难上来，而不是自己刚刚哭泣的事情上。时间一长，孩子再遇到类似的困难时就会心中有底，哭泣的次数也会逐渐减少的。

第三，父母在安慰孩子的同时，还应教会他控制情绪的方法，让他在遇到困难和挫折时，不要一味地哭泣，应适当地调整自己的情绪，实在伤心的时候，不妨大哭一场，把心里的不良情绪全部发泄出来。

张英年是个男孩子，家里对他的管教很严，父母经常对他说："男孩子必须要坚强，不能哭，也不能闹。"因此，张英年在外人眼里，从小就是个听话、能干的好孩子，只不过性子有点闷，不善于和别人沟通交流。

父母觉得这样下去会影响到张英年的成长，便带他去了心理咨询所，希望专业人士能帮助张英年。心理医师经过一番询问，最后确定，是张英年父母的教育方法出了问题。

"虽然张英年是男孩子，但当他心情不好的时候，做父母的应该鼓励孩子哭出来，把心里的不良情绪发泄出来。"心理医师这样对张英年的父母说道。

"让他哭？男孩子怎么能哭呢？那样太娇气了。"张英年的爸爸说道。

心理医师摇摇头，笑着说道："男孩子怎么不能哭？和大人一样，男孩子也会有情绪，遇到问题的时候也会想找个渠道发泄一下。哭是孩子最直率的发泄方法，做父母的不能剥夺孩子的这一权利啊！"

"可是……"张英年妈还是觉得男孩子整天哭哭泣泣的不合适，心理医师像是看出了她的疑虑，微笑着说道："不是让他成天哭，男孩子还是应该有志气一点嘛，这一点，其实孩子自己也知道的，所有很多男孩子在哭的时候，其实是背着人的，所以父母偶尔发现孩子忍不住在你们面前哭了，不要一味训斥，应该打开他的心结，引导他用哭的方式发泄不良情绪。"

"原来是这样。"张英年的父母这才明白。人都有脆弱的时候，在这种时刻，哭确实是一剂良药。

男孩在成长的过程中会逐渐产生性别意识，已经明白自己是一个小小男子汉了，不应该哭。但是，每个人都会在生活中遇到很多的问题，当这些问题积压太多的时候，男孩会忍不住哭出来，这时候父母应以劝慰为主，并告诉他"遇到十分难过的事情时，就哭出来吧"，让男孩在放下心理负担、哭出来的同时，教育他学会控制自己的负面情绪，要做到"小事儿不哭，大事儿畅哭"。

教孩子冷静处理突发事件

很多时候，孩子在遇到一些突发事件时，总会变得惊慌失措，直到父母忍受不了开始打骂，他们才会逐渐平静下来。但他们通常依旧不会长记性，下次再发生点什么事时，还是一点也不冷静，让父母安慰也不是，责骂也不是，都不知道如何和孩子说通这个道理。

儿子太淘气，太难管教，让爸爸妈妈十分头疼，每每看到儿子欢蹦乱跳且大声叫嚷地在屋里折腾，都会心烦且无奈地说道："儿子，你到底能不能听话点？"

儿子却完全不听这些话，而且一遇到事情，就会被情绪所左右，忽哭忽笑，爸爸妈妈都不知道该拿他怎么办了。

这一天，妈妈做了儿子最爱吃的蒸蛋，儿子高兴地在妈妈脸上亲了一口，甜甜地说道："妈妈，我最爱您了。"

"那就听点话，别让妈妈总觉得闹心。"

"嗯嗯，我听话。"儿子拿勺子挖了一口蒸蛋送进嘴里，却没想到蒸蛋还没完全凉，舌头被烫得生疼，儿子哇的一声就哭了出来，并叫嚷着："妈妈讨厌，我最讨厌妈妈了。"

看到如此情景，妈妈一阵心烦，于是大声说："刚才不是还说会听话吗？现在哭什么？不准哭，听话的孩子都能不哭。"

"不要，不要……"可儿子早忘了之前说过的话，越哭越伤心，最后竟然坐在地上打起滚来，妈妈气得真想狠狠揍他一顿。

打骂并不能解决孩子遇事不冷静的问题，刻板的说教同样也不能解决问题。那该怎么办呢？父母在这个时候应先安慰孩子，让孩子的情绪逐渐平静下来，再让孩子尝试着以成人的眼光看待问题。鼓励孩子说出自己的观点和意见，让孩子产生"我长大一些了"的自豪感，逐渐变得遇事不再急躁。

那么，父母应如何教孩子遇事不再慌乱失态呢？这要分别从冷静、理智两个角度入手培养孩子。

赵铁柱是一个10岁的男孩，最近他有些苦恼，经常面带愁容，一副无精打采的样子。

"儿子，你最近怎么了？很没精神啊。"爸爸注意到了赵铁柱的异样，周末的时候就抽出点时间，来到他的房间，想和他谈谈心。

赵铁柱先是回答没什么事，爸爸笑呵呵地坐到了他旁边，说道："没事咱们就谈谈心，爸爸很久没和你谈心了。"

赵铁柱这才支支吾吾地说道："我最近总是控制不住自己的情绪，好像很经受不住打击，稍微遇到点挫折就开始乱发脾气了。"

"这样啊，那你要学着让自己冷静一点了，首先你要做到遇事不惊。"

"遇事不惊？"

"对，不管遇到什么事情，先试着让自己平静下来，如果感觉控制不住自己的脾气，试着深呼吸几次看看，只要能让自己的情绪逐

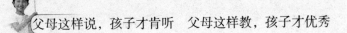

渐冷静下来，你的理智就会回来，这时候，就不那么容易生气和发脾气了。"

"好像有些道理。"赵铁柱想了想，郑重地点了点头，说道："爸爸，谢谢你，下次再不开心的时候，我一定会试试您说的这个方法的。"

"嗯，再有什么疑问随时可以来找爸爸谈谈，好吗？"

"嗯，一定！"看着儿子的脸上重新挂上了笑容，爸爸也就不再担心了，剩下的就看儿子自己的了。

故事中，当赵铁柱遇到难题时，他的父亲通过婉转的方法引导他吐露了心声，然后教给他一个很实用的遇事冷静的方法：深呼吸，通过呼吸能改善生理反应，让自己激动的情绪逐渐平稳下来。当然，还有不少方法也能起到很好的效果，比如，先走开一会，脱离当时的坏境，也有助于让自己冷静下来，同时心里默念"冷静冷静，我能冷静下来"，这种心理暗示方法效果也不错。

父母还应和孩子一起理智地分析问题，找出解决方法。这样做不但能提高孩子的自信心，激励他们迎难而上，还有助于他们以后遇事更加冷静沉着。当然，不同的问题有不同的解决方法，在刚开始时，父母可以和孩子一起去攻克难题，并及时总结经验，然后逐渐放手让孩子大胆尝试。

帮孩子汲取他人的经验和教训

大多数孩子之所以总犯同一个错误，是因为他们并不懂得如何汲取他人身上的经验和教训，而父母也从不把相关的方法教给孩子，所以才让孩子一错再错。

林郁中是一个单亲家庭的孩子，性格比较内向，虽然不笨，但也不是很聪明。老师注意到他也是因为他的名字还有点个性，可是时间长了，这个成绩一般、不爱惹事的林郁中就不知不觉被老师忽略了。

林郁中平时做作业，妈妈总是坐在一旁看着。之后妈妈发现，林郁中虽然每天都能完成老师布置的作业，但是成绩从来就没有过大的进步，总是不上不下的。难道说自己儿子写作业只是为了应付差事，并不注重质量？

妈妈有点惭愧，她自己只是初中毕业，上学的时候成绩就不好，所以从来不敢给儿子辅导功课。尤其是孩子上了高中以后，她更是将希望寄托在老师身上。想到儿子的成绩，妈妈拨通了老师的电话，询问林郁中在学校的状况。

老师告诉林郁中的妈妈，这个孩子不善于沟通，有了问题从来不请教老师和同学，犯了错误也不会汲取教训，更不会从同学身上学习他们的经验，所以成绩才一直上不去。

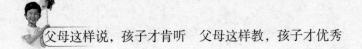

"如果他能够及时与大家沟通的话，应该会有进步的。"老师说。

妈妈又问老师："我应该怎么在家里配合您，帮助孩子提高成绩呢？"

老师笑着说："其实也不是很难，你们应该多鼓励他汲取身边人的经验和教训，即使他成绩不好，也要多安慰他，不要太在意孩子的成绩，以免对他造成压力，多和孩子沟通交流就行。"

林郁中的情况带有一定的普遍性，在很多性格较内向的孩子身上都或多或少地存在。这是因为这类性格的孩子本身就不擅长交际，向人请教还有点难为情，所以有了问题就自己扛着，扛不了了就扔一边，长久下去自然会出现成绩平平的局面，严重时甚至会导致成绩下降，这样一来使孩子更不愿意请教别人，以致陷入恶性循环的怪圈。

因此，解决这种情况，让孩子尽快走出困境，应成为每一对父母优先考虑的问题。专家建议，父母可从以下两个角度入手，让孩子从交流中学习，在学习中提高成绩，以增强信心、喜欢与别人交流，由此形成良性循环。

第一，多安慰孩子，帮助他卸下心理负担。孩子成绩不好，或者遇到困难时，本身就会产生心理压力，这时父母不宜过多批评他，而是帮他卸下心理负担。

第二，告诉孩子向人请教不是件丢人的事情，并鼓励孩子主动向他人请教问题，汲取他人身上的经验和教训，同时借助他人的智慧，来解决自己面对的难题。父母可以告诉孩子，当遇到难题时，可以从向父母请教，如果父母也不明白，就让孩子去请教老师、同学，直到问题得到解决。

另外，父母要让孩子知道，"三人行，必有我师"，应鼓励孩子多和朋友交谈，哪怕是同龄人，只要懂得多，就可以成为孩子的老师。

方曼曼和吴小巧是一对好朋友。两个小姑娘是邻居，从小一块长大，彼此好得跟一个人似的。两个人在同一个班级，每天放学都一起做作业，遇到不会做的难题就停下来一起讨论，实在都不会了就问父母。在这种学习方式下，两个小姑娘不但学习成绩好，性格也都大方开朗，招人喜欢。

之后，两人所在的班级开展"一帮一"活动，老师让方曼曼和吴小巧分别帮助一个成绩稍差的同学。一开始，两个人有点不高兴，但还是答应了老师的要求。后来两个人转变了观念，还通过比赛，看谁带领自己的队友取得更大的进步。

对此，双方的父母高兴地说："孩子之间经常交流，做父母的非常省心。让两个同龄的孩子经常在一起，对她们的学习成绩和性格养成都有很大的帮助。"

方曼曼和吴小巧就是两个善于从交流中学习的孩子，更为难得的是，她们还能积极帮助其他同学进步。其实，孩子的成绩好与不好都是相对的，在学校里，既有成绩比自己的孩子好的同学，也有成绩比自己的孩子差的同学。对此，父母可以引导孩子，让他积极主动帮助比自己学习成绩差的同学，同时鼓励孩子向比自己聪明好学的人看齐，这样一来，既能体会到帮助别人的快乐，还能从别人的错误中汲取经验教训，以免自己犯同样的错误。

培养孩子不服输的精神

不服输是一种精神，也是每个孩子都应具备的优良品格。但是当孩子遇到挫折和困难时，经常会因为无法克服而感到灰心失望，不得不低头认输。这时候，父母就应该站出来，多鼓励孩子，让孩子不要服输，要昂首挺胸，努力克服。

方小光是一个开朗活泼且好动的男孩子，他很喜欢和周围邻居家的小朋友们一起玩，进行各种各样的比赛。而一旦比赛输了，方小光就很不服气，一定要想方设法在下一次比赛中取得胜利才行。

对于方小光这种不服输的劲头，爸爸妈妈十分支持。但是最近，方小光却总是一副闷闷不乐的样子，问他发生了什么事，也是支支吾吾不肯说。

"是不是比赛又输了？"爸爸问他。

方小光迟疑了一下，没说话。爸爸心里便有了数，肯定是在什么比赛上，自己的儿子输了，而且还输得很惨。

"跟爸爸说一说，爸爸也许能帮助你。"爸爸笑着开导他，过了一会，方小光才道出了真相。

原来，方小光所在的年级最近调了一次班，因为他成绩较好，被调到了一个优秀班，那里汇集了全年级拔尖的学生，方小光顿时感到压力很大。在初次考试失利后，方小光还能做到不服输，每天都加倍学习，但几次失利后，就渐渐灰心了，认为自己无论如何也做不好了。

听了方小光的话，爸爸不由得担忧了起来，儿子能看到自己的问题在哪，是件好事，但如果让儿子重拾不服输的劲头，他暂时还真没有好方法。难道要看着儿子渐渐气馁下去？方小光爸爸思考了起来。

如果孩子年龄尚小，情商水平通常会比较低，在挫折或者困难面前就会轻易退缩、气馁。然而，孩子从小到大会面临无数次的困难和挑战，也会遇到大大小小的挫折和失败，这时候就需要孩子有一颗不服输的心，面对困难，唯有不服输的孩子，才可能取得进步。

所以，作为父母，从小培养孩子的不服输精神是十分重要的，毕竟只有经得起挑战的人才能有所作为。那么，父母该如何培养孩子不服输的精神呢？

第一，父母可以多给孩子讲一些名人不服输的故事，让孩子从名人身上学会不服输的精神。

林广秋的儿子如今已是一名高三学生，很快就要参加高考。从儿子3岁起，林广秋就开始给他讲许多名人勤奋好学、勇敢坚毅、永不服输的故事，这些鼓舞人心的故事常常让儿子听得如痴如醉，有时还会说出几句豪言壮语。

后来，儿子上学了，林广秋就鼓励他从书籍、网络上阅读成功者们的奋斗故事，学习他们永不言败的精神。随着年龄的增长，林广秋的儿子越来越懂得不服输、不气馁对自己人生的重要意义。慢慢地，他和同学辩论问题时变得毫无惧色，在公众场合讲话时也不怯场，越是遇到困难就越能够勇敢出击，这让林广秋感到十分自豪和欣慰。

上文中的林广秋就是利用名人的故事激励自己孩子的典范，名人的故事有很多，比如，爱迪生在发明电灯的时候，失败过上千次，受尽了周围人的嘲笑和鄙视，但正是由于他的不放弃，才有了世界的光明；居里夫人历经百次试验，才有了镭的问世……生活中，父母可以利用闲暇时间给孩子讲一些名人不服输的故事，让孩子从中体会并学习。

第二，父母可以带孩子多参加一些竞技游戏，激发孩子的好胜心。在日常生活中，为了培养孩子不服输的精神，父母可以多陪孩子玩一些竞技类的小游戏，比如，下棋、打扑克等，这不仅能让孩子懂得如何赢得场比赛，还可以开发孩子的智力。当孩子输了的时候，父母要告诉孩子不要气馁，并帮孩子分析他失败的原因，以便重新激发起孩子打败对手的信心。

第三，父母要多给孩子一些鼓励，让孩子在遇到困难和挫折时不要灰心，要迎难而上。孩子的独立意识与竞争意识在成长的过程中通常会逐渐加强，喜欢不断跟别人比较，在许多游戏或其他活动中也喜欢跟其他同学一决高下。而在比较、竞争之后，赢者往往兴高采烈，输者则眼泪汪汪甚至灰心气馁。如果孩子成为输者，父母应给予一些适当的鼓励，让孩子明白只要他学习别人的优点，弥补自己的不足，今后一定可以超越他们。父母的这种鼓励和信任，可以帮孩子树立不服输的决心。当然，即使孩子成了赢者，父母也要告诫孩子不能自满，不可被一时的胜利冲昏头脑。

第四，父母要让孩子正确理解不服输精神。很多父母遇到过这种情况，孩子因为跟小伙伴玩游戏输给了对方，就开始发脾气或者退出不再玩，这是过分好胜的表现。面对这种情况时，父母要让孩子知道他这种行为是错误的，等孩子情绪平静下来后，父母应帮他分析别人为什么会赢，以便让孩子认识到自己的不足，并及时改正。

第三章　成功父母教育孩子的技巧

不给孩子的朋友分三六九等

如今，大多数家庭只有一个孩子，父母对孩子的生活、学习和健康等各方面都投入了较多的精力。甚至有些时候，孩子交什么样的朋友也在父母的关心之列。不少父母在孩子带朋友到家来玩时，总是忍不住对孩子的朋友在心里评价一番，对于个别印象不好的，还会警告孩子不要与其来往。父母的这种做法，往往让孩子觉得很不服气，常常因此和父母争执起来。

其实，随着年龄的增长，孩子明辨是非的能力已经逐渐有所提高，父母的关心应有个度，一旦超过界限，对孩子的成长是不利的。

父母干涉孩子的交往不仅会影响孩子的人际关系，对孩子的健康成长也是不利的。有些孩子比较听话，父母说他这个朋友不好，他就不和这个朋友相处了，长此以往，孩子的朋友渐渐地少了，这样的话孩子很容易变得性格孤僻。

小辉是家里的独生子，周围的小朋友也比较少，这使得小辉的性格比较内向。不久前，隔壁搬来了一户新邻居，并且有个可爱的孩子叫小恒，小辉与小恒很快成了好朋友。小辉的爸爸见到孩子有个新伙伴陪他玩，并且孩子也爱说话了，心里很高兴。

两个小男孩很投缘，每天一起去上学，回家一起写作业。一天，不知什么原因，小恒跟一个同学打了起来，小辉看到自己的好朋友被欺负，马上前去帮忙。三个人扭打在一起的时候，老师来了，并把孩子打架的事通知父母。

小辉的爸爸知道后，对小辉说："小辉，打架是不对的，小恒真会惹事，以后别跟小恒胡闹了。"

小辉听了很不高兴，"小恒是我的好哥们，您不要说他坏话。"

"小恒做错了事情，就该受到批评，你也一样。下次见到小恒我会说他的。"爸爸严肃地说。

"您不要批评小恒，要是他生气不和我说话了，就没人陪我玩了！"小辉情绪激动地说。

爸爸看到孩子情绪激烈的反应，回想起孩子最近的变化，意识到朋友对孩子的重要性，对孩子保证道："放心吧，爸爸不会批评小恒的，他是你的好朋友，也就是爸爸的好朋友。"

听到爸爸的话，小辉顿时高兴地跳了起来。渐渐地，小辉变成了一个活泼可爱的孩子。而小恒也意识到了与同学打架是不对的，从此不再犯类似的错误，他与小辉的友谊更深了。

小辉原本是一个不爱说话的孩子，在友谊的作用下，渐渐地变得开朗了。可是如果小辉的爸爸批评了小恒，使得他与小辉的交往破裂，小辉会怎样呢？这说明和朋友交往对孩子来说是很重要的，良好的友谊对孩子的健康成长是不可或缺的。那么，父母该如何对待孩子的交往呢？以下三点可供参考。

第一，父母可以告诉孩子应根据一定的标准来选择自己的朋友，比如，朋友要真诚、善良，还要大方、勇敢。毕竟孩子的人际关系的好坏跟他以后的发展有很大关系。有了这些标准，交友的时候，孩子自己就会在心中衡量，什么样的人可以交，什么样的人应该远离，这样孩子就不会陷入交友误区了。

小聪上三年级了，性格活泼开朗，很多同学都喜欢跟他做朋友，妈妈见到孩子这么受欢迎，心里十分高兴。

新学期开学不久，一天，小聪放学回家，对妈妈说："妈妈，周末我想请我们班的小蒙来我们家玩，好不好？"

"好啊，到时候妈妈给你们做好吃的！"妈妈说道，但看到小聪皱着眉头，于是又关心地问："你是不是还有别的事要跟妈妈说呢？"

"我们班很多同学都不愿跟小蒙玩，我不知道该不该跟他做朋友。"小聪苦恼地说。

"你们班的同学为什么不喜欢跟小蒙玩呢？"妈妈耐心地问道。

"他们觉得小蒙比较笨，一道题老师讲了好几遍，他还是不会。"小聪如实回答。

"那你觉得小蒙是个什么样的同学呢？"

"我觉得他很好啊，他经常主动擦黑板，还帮我一起整理学习用品。"

"你这样一说，妈妈也觉得他是个好孩子，小聪，交朋友应看他是不是有好的品质，而不是看他聪不聪明，知道了吗？"

"知道了，那我这就给小蒙打电话，约他周末来玩！"小聪高兴地说。

小聪的妈妈并没有阻止孩子交一个"笨"朋友，而是引导他交一个品质好的朋友，这样做，会让孩子广交朋友，拥有良好的人际关系。

第二，在孩子交友的过程中，父母可以传授孩子一些交友的小技巧，让孩子与朋友维持良好的关系。比如，不要过问别人的隐私；不在背后说人的坏话；要和善热情，富有同情心并乐于助人；不小心冒犯到别人时，要记得道歉。

小红是一位初一的学生，一天，她不小心把小玲的新手链弄坏了。小玲见手链坏了，生气地说："你那么用力干吗？妈妈知道我把手链弄坏了会骂死我的。"

小红不知道怎么办了，回家后，什么话也不说。妈妈感觉到了孩子的反常，于是亲切地问："小红，今天在学校是不是发生了什么事情？能告诉妈妈吗？"

"我说出来您可不能生气啊。"小红小声地说。

妈妈点了点头，于是小红把在学校的事说了一遍。之后，妈妈温和地说："妈妈平时不是教过你，弄坏了别人的东西是要道歉的吗？你怎么忘了呢？"

"那我去跟小玲的妈妈解释一下，手链是我弄坏的，不应该批评小玲。另外，我还想再赔她一条手链。"小红想了一下说。

"你这么做很好，去给小玲打个电话吧。"妈妈欣慰地说。

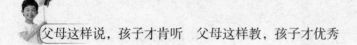

妈妈的一句话，让小红恍然大悟，明白该怎么应对手链的事情了。有时候，孩子间的矛盾会影响他们的正常生活，这正是孩子需要父母引导的时机，很多情况下，父母的一句话就会让孩子豁然开朗。

第三，父母应尊重孩子的交往意愿。虽然孩子在交往中需要父母的引导，但是，父母也应尊重孩子的意愿，让孩子在交往中拥有选择权。当父母和孩子的意见有分歧时，只要朋友的品行端正，应尽量以孩子的意见为先。父母还应尊重孩子的朋友，当孩子的朋友来家里玩时，父母应表示欢迎，这样既是对孩子朋友的尊重，也是对孩子行为的一种肯定。

在小伙伴面前给足孩子面子

很多时候，当父母看到孩子的朋友到家里来玩时，便忍不住把孩子平时的缺点说出来，从而让孩子感觉很没有面子。可能父母不知道，孩子的心是很敏感的，很爱面子，他们很在乎自己在朋友心中的形象。或许父母觉得太爱面子对孩子并不好，殊不知，孩子爱面子意味着孩子已经逐渐产生了自我意识和自尊心，这对孩子以后的健康成长是非常重要的。因此，父母应注意，在孩子的朋友面前要尽量给孩子留些面子，不要以为孩子还小，就可以随便批评他，避免无形之中伤害了孩子的自尊心，让孩子与父母之间产生隔阂。

周末，小双请了几个朋友到家来玩，这时，朋友小芳环顾了一下小双的房间，赞叹道："小双，看不出来你平时马马虎虎的，房间整理得倒是很有条理嘛！"

"就是啊，书籍、衣物还是归类放的，被褥也叠得整整齐齐的。"朋友小兰也附和道。

"你一定花了不少工夫吧？"朋友小妍问道。

"那当然，我很小的时候就开始学着整理房间了，这对我来说是举手之劳啦。"小双得意地说。

这时，从门口经过的妈妈听到了小双的话，说："小孩子不要说谎，这是你整理的吗？整天衣服就知道乱扔，被子也不叠，这是我花了两个小时才给你弄成这样的。"

小双顿时脸红了，生气地说："我哪里说谎了？这就是我自己整理的！"

不久，班里的人都知道小双在家从不叠被子，整理房间全由妈妈代劳，搞得小双总觉得背后有人在议论她。

妈妈说那些话可能是无心的，但是却使小双的自尊心受到了不小的伤害。妈妈一定没想到，当众揭孩子的短，会让孩子在同学面前抬不起头来，更有甚者，还会让孩子产生自卑心理。

不仅如此，在外人面前说孩子的不是，会让孩子对父母产生反感，遇到困难也不愿和父母说，生怕父母会再次拿他的不足说事，从而疏远和父母之间的关系。那么，怎样做才能既不让孩子没面子，又能达到好的教育效果呢？以下四点可供参考。

第一，父母应平等地对待孩子。平等对待孩子的意思就是：你平时是怎么对待朋友与同事的，就怎样对待孩子。父母不妨想一想，倘若有人当众说你的缺点，你一定会觉得不好受。如果站在孩子立场去尊重他，这对孩子形成一种自尊自爱的品格是非常有益的。孩子拥有了这样的品格，就会尊重他人，也容易得到别人的尊重。

第二，父母不要当着孩子朋友的面斥责孩子。倘若孩子犯了错，父母应在没有外人在场的情况下，对孩子进行教育。即使在孩子的某些言语或举动伤到父母的面子时，父母也不应当众批评孩子，可以先用商量的口吻制止孩子，等到和孩子单独在一起的时候再跟孩子讲道理，同时不要打骂孩子，最好通过比较温和的方式，让孩子认识到自己的错误。

小刚和小凤是好朋友，两人是同班同学，放学后，两个孩子经常边聊天边等着父母来接他们回家。

这天，小凤的妈妈来得比较早，看到孩子与同学聊得那么开心，不忍心打扰，于是就站在学校大门的角落里，想等孩子聊完了再出现。

"小凤，你今天交给美术老师的画，画得真好看，老师说你很有天赋呢！"小刚羡慕地说。

"我花了一晚上画了那幅画呢，当然画得比较好啦。"小凤骄傲地说。

小凤昨晚并没有画画啊，妈妈心里感到疑惑。

"同学都说你画作上的小兔子跟真的一样呢，我要是也有你这么好的天赋就好了，你真是个天才！"小刚一脸崇拜的表情。

小兔子！那不是前两天小凤的堂哥来玩时，看到家里养的兔子，觉得很可爱，忍不住画的吗？小凤居然拿他堂哥的画代替自己的交给了老师，妈妈感到很生气，想去制止，但一想事已至此，揭穿孩子并没有什么好处，只好等回家再说了。

回家后，妈妈微笑着对小风说："小风，前两天你堂哥画的那副小兔子的画妈妈很喜欢，想把它挂到客厅里，可今天找不到了，你能帮妈妈找找吗？"

小风不好意思地低下头，说："我把它和我的画换了，当成作业交了。"

"那这样做对不对呢？"

"妈妈，我知道错了，我以后不会这样了。"小风在心里暗下决心，以后再也不交"假作业"了。

妈妈在得知小风拿堂哥的画代替作业上交时，心里很生气，但是理智地没有当众揭穿，从而既没有伤到孩子的自尊，也没有损害到孩子的形象。事后，妈妈还采取了措施让小风意识到自己的错误，而小风也知道错了，决心再也不犯同样的错误了。事实上，大部分孩子都能做到知错就改，但是在这之前，父母要正确地引导孩子。

第三，父母不要当众说孩子的糗事。有些父母在谈论孩子的时候，会把孩子以前闹过的笑话说出来，发生在孩子身上的糗事，在父母看来是笑话，可在孩子心里却是关乎脸面的事情。因此，父母在与别人一起聊天的时候，不要把孩子的糗事作为说笑的内容，以免伤了孩子。

小明上五年级了，由于性格开朗，很多同学都爱和他玩。一天小明和同学打完篮球回家，在楼下正好遇到妈妈在和邻居张阿姨聊天。

"我家小云都六岁了，还整天要别人看着，大人一走远了就哭鼻子。"张阿姨说。

"孩子长大了就好了，我家小明上三年级的时候，我还天天跟着呢，现在不也没事吗？"小明的妈妈说道。

"你上三年级的时候，还要大人陪着呢？"同学听了，不禁打趣地对小明说道。

"妈，你胡说些什么呢！"小明生气了，说完气冲冲地走开了。

妈妈也许觉得说一说小明过去的一些糗事没什么，但是在小明看来，那样会让别人瞧不起的。自己的糗事被公布出来，孩子会感到隐私权遭到了触犯，从而颜面丧失，没有安全感。

第四，父母不要当众问孩子的成绩。成绩好的同学或许感觉不到什么，但是成绩一般或是比较差的同学，就会觉得自己不如别人，尤其是当着成绩较好的同学面这样做，更会让孩子觉得自己差人一截。这种对比会让孩子心生厌恶之情，还会导致孩子以后自信心不足。

不要对着孩子总是一味唠叨

对父母来说，孩子的青春期是令他们很头疼的年龄段。这时候，随着孩子自我意识的发展，他们的自主性越来越强，想要摆脱父母的干涉，自己做决定。然而，如果父母本着爱孩子的心，仍然对孩子严加管教，动不动就唠叨、呵斥、命令孩子，那么很容易使孩子产生对立的情绪，逆反心理也会越来越强。于是，许多父母抱怨道，孩子越来越任性了，不愿和父母说心里话了，还常常与他们"对着干"，你叫他往东，他偏往西。而许多孩子却说，父母总是唠叨不停，还规定他们这不许、那不准，很烦人！

周末，妈妈和乐乐去逛街。在一家运动品商店里，乐乐看到一件自己喜欢的运动服，于是就非要买。

"这件好看！妈，给我买这件吧！"乐乐高兴地瞅着妈妈。

"我看看……"妈妈上下打量了一下衣服，然后摸了摸布料，说道："不买！你看，这件质量不好！你又爱动，穿不了多久就又得买，多不划算！"妈妈皱着眉头仔细地盘算着。

乐乐不高兴了，说道："我就是喜欢这件！您怎么这样啊？我要什么您都说不好，我喜欢的东西您就这么看不上吗？不买拉倒！"乐乐气冲冲地夺门而出。

妈妈赶紧跟出去，拉住儿子说道："你这孩子怎么这么不懂事？我都说衣服质量不好，不值！我可提醒你了，到时候坏了可别又抱怨啊！"

"哼！我不要了还不成吗？"说完，乐乐甩开妈妈的手，就直接回家了。路上乐乐心里觉得很委屈，差点哭出声来。

妈妈十分生气，觉得孩子太任性了。可是最后还是把衣服买下来带回了家。

乐乐看妈妈最终把衣服买了，心里其实很高兴，但是嘴上却不饶人："谁让您买的，我都说不要了！"妈妈听了气得没说话。

当孩子不听话的时候，父母最好不要直接说"不"，因为这个字将直接激起孩子的叛逆心——你不让我这样，我偏要这样。正如故事里的妈妈一样，她出于质量考虑不给乐乐买衣服，其实也是为他好，没想到乐乐却跟自己对着干。

　　心理学家指出，青春期也叫心理断乳期，是孩子从幼稚走向成熟的过渡时期。这时候孩子一方面从心理上依赖父母，另一方面又想摆脱父母，自己做决定。如果这时父母还把他们当小孩子看，动辄唠叨、批评甚至打骂，不但伤害了孩子的自尊心，久而久之孩子还会觉得厌烦，从而产生逆反心理。所以，父母应正确看待孩子的这一时期，根据孩子的心理特点，循循善诱，慎重对待。

　　第一，父母要看到孩子的成长，尊重孩子，信任孩子，与孩子平等相待。若是不顾孩子的意愿，单方面地强迫孩子，孩子只会更不听话。比如很多父母不征求孩子的意见，就给孩子报各种补习班，要求孩子学这学那。孩子不感兴趣，难免心理上产生反感情绪。这时如果父母唠叨和打骂孩子，逼他们就范，孩子的逆反心理就更强烈了。

　　第二，父母要恰当对待孩子的逆反心理。当孩子出现叛逆行为时，父母可以采取"冷处理"的办法。例如，孩了跟父母索要东西而得不到的时候，一般都会言辞激烈，甚至哭闹，这时候如果父母直接打骂和训斥孩子，只会火上浇油，把事情弄得更糟。反之，如果父母先对孩子的叛逆行为不予理睬，等事情过后孩子冷静下来再和他谈，那么孩子也会更愿意听了。

　　第三，正如心理专家所言，在孩子成长过程中，逆反心理的产生是正常的。所以父母在积极应对孩子叛逆心理的消极面的时候，也应该看到它积极的一面。孩子的叛逆心理，其实在形式上与求异思维有些相似，孩子好奇心强，遇事想要尝试不一样的方法，这也是孩子爱动脑筋、积极求知的表现，父母要尽量发现孩子言行中的闪光点，因势利导，促进孩子更好地成长。

　　为了让孩子能多方面发展，将来在社会上更有竞争力，妈妈又给小杰在一个舞蹈培训班报了名。

"儿子，妈妈给你报了个舞蹈班，明天去上课啊！"妈妈语重心长地说。

"什么？怎么又报了班？围棋还没学完呢！"小杰皱起了眉头，想到妈妈又自作主张就很郁闷，于是大声地对妈妈说："我不喜欢跳舞，我不去，不去！"

看着小杰这么激烈地反对，妈妈想："这会儿儿子情绪这么激动，跟他讲道理他也听不进去，强迫他去学习，效果肯定也不理想，还是等一阵子再说吧。"

接下来的几天，在看电视的时候妈妈有意地看一些舞蹈类的节目，还常常启发小杰："跳舞不仅能锻炼身体，还能增强一个人的自信心。你看，他们跳得多投入啊……"

"您说得对，说不定学完跳舞，我的身体会更好！再说，您都给我交报名费了，不去的话不就白花钱了！"小杰开心地对妈妈说。

"儿子，懂事啦！呵呵。"妈妈开心地笑了。

"妈，我以前不懂您的用心，只知道您总爱强迫我，所以我就不喜欢听您的话，现在我明白了。"小杰回答道。

一般来说，父母的"高压政策"也是出于对孩子的一片爱心，可是一味地命令、强迫孩子，只会激起孩子的对立情绪，招致孩子的反抗。如果父母能够换种方式，给孩子尊重，在循循善诱中鼓励和教育孩子，当孩子闹情绪时，父母也能冷静下来，以平和、耐心的态度在合理的范围内允许孩子自己做选择，那么孩子会乐意听话的。

对犯错的孩子不能粗暴教育

在孩子犯错的时候，有的父母看在孩子是初犯的份上，还是会晓之以理，动之以情，耐心地教导孩子的。然而，很多父母埋怨，这样做的效果仍旧不理想，因为孩子不长记性，相同的错误一犯再犯，屡教不改，气得父母不得不放弃之前的做法，进而对孩子大发雷霆、责骂呵斥，有时候甚至还得动用点武力才奏效。这种粗暴的教育方式是否真的能达到目的吗？其实，面对孩子屡教不改的情况，打骂不一定能让孩子认识到自己的错误，还可能会伤害孩子的自尊，影响亲子之间的沟通和交流。

今天，李明涛的班主任又把李明涛的妈妈叫到学校去了，说李明涛又跟同学打架了，还好被老师及时制止了，没产生更严重的事情。

遇上这种事情，妈妈一方面觉得孩子太不成器了，一方面又感到很丢面子，于是就气不打一处来，朝李明涛劈头盖脸一顿训斥："你的书都读到哪里去了啊？整天就知道打架，你说说，你都打了多少次架了？"

李明涛站着不说话，跟没听见似的。

"我的话你听见没有啊？"

"听见了。"李明涛咬着牙挤出三个字。

"听见了还这副心不在焉的样子？你是不是觉得打架很威风

啊？你再敢打架试试看，我也让你尝尝拳头的滋味！"妈妈警告李明涛道。

李明涛又不说话了，继续听着妈妈教训："你说哪家孩子像你，整天给大人找事，妈妈的脸都让你丢尽了！"

"那你干吗生下我啊？一点都不在乎我！"李明涛也一副不服气的样子，气冲冲地跑了。

妈妈一个人愣在那里，既气愤又委屈，不知道该如何教育孩子了。

父母应该明白，教育孩子的目的是为了帮助孩子改正错误，绝不是以暴制暴。

"我的话你听见没有啊"、"再不听话，我就打你"之类的责骂、恐吓和威胁的话语，只会刺激孩子最敏感的自尊心，使孩子产生逆反心理，让教育效果大打折扣，甚至失去说服力。故事中的李明涛的妈妈即是如此，面对屡次犯错的李明涛，妈妈痛心疾首，训斥了儿子，之后不欢而散。

孩子的逆反心理强，面对父母狂风暴雨般的责骂，有的孩子为了维护自尊心，哪怕犯错了也会死扛到底，就像李明涛一样；有的孩子慑于父母的威严，为了免受严厉的训斥以及皮肉之苦，只得乖乖地屈服，其实他可能什么都没听进去，甚至左耳听了右耳出，孩子之所以承认错误，只是想顺着父母的意思，早点结束训斥。所以，对于屡次犯错的孩子来说，责骂并非一剂有效的药。

其实，孩子在犯错之后，心中也充满了不安，他并不知道怎么改正，父母切不可不分青红皂白地大发雷霆，甚至打骂孩子，将孩子的悔改之意

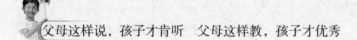

扼杀在萌芽状态。教育孩子应该当以理服人，所以，父母应该平心静气地与孩子讲道理，要通过说理、剖析的方式使他们明白犯错误的原因，和孩子讲清楚，如果持续犯错将有怎样的后果。如果父母在此时以宽容的心态，从侧面诚恳地提醒、点拨孩子，就会真正达到教育孩子的目的。

孩子自制力差，有些错误一犯再犯是很平常的事情，如果单纯说理并不奏效，父母不妨给孩子制定一个奖惩规则，让孩子知道犯错后将受到什么惩罚。这样，孩子畏于受罚，平日就会有所注意，从而减少犯错误的概率。如果孩子表现得好，父母就应该郑重其事地奖励孩子，让孩子真正体会到受奖的喜悦；如果孩子犯了同样的错误，父母就应该视情节的严重性给予必要的惩罚，让孩子牢记教训，知道自己错之所在，并积极改正，比如，孩子有乱放东西的习惯，父母在惩罚时就应该让其自己动手整理东西，这样才能培养孩子知错就改的品行。

另外，父母还可以采取冷处理的方式。孩子犯了错，很多父母都是以直接批评教育为主，其实冷处理的效果也不错。孩子自尊心强，有时犯了错，口头上并不情愿承认，但是他心里是明白的。这时候，父母不妨尝试不再深究下去，而是给孩子一个台阶下，彼此心照不宣即可。只要孩子今后在行为上不再犯同样的错误，就等于达到了教育目的。

在妈妈眼中，王小青是个不大懂事的孩子，有客人来家里做客时，王小青常常不露面，显得很不礼貌。这一天，家里又来客人了，王小青一如既往地待在自己的屋里没出来。

"王小青，王阿姨来了，快出来打个招呼吧！"妈妈没有生气，而是故意叫王小青出来。碍于情面，王小青也不好意思不出来了。

"来，这是妈妈常跟你提起的王阿姨！"妈妈给王小青使了个眼色。

王小青没法了，只得故作微笑状，说道："王阿姨，您好"，然后，就没话了。

妈妈也很无奈，但是并没有当面批评王小青。等王阿姨走后，妈妈把王小青叫到跟前语重心长地说："女儿，妈妈问你，如果你去朋友家做客，朋友只顾忙自己的事情，对你也不热情，你怎么想？"

"那我肯定不开心喽，下回再也不去了。"王小青回答。

"你看你挺明白的嘛！推己及人，有客人到咱家来，你是不是也不应该以冷漠的态度对待呀？"

"嗯，我明白了。妈妈，若是下回我又犯老毛病了，您就提醒提醒我，像今天这样，好吗？"

妈妈高兴地点了点头。

在孩子成长的路上，少不了错误和挫折，也只有在一次次的跌倒中，他们才会长大。有时候，在同一个地方跌倒两次、三次，痛并不要紧，重要的是父母如何正确地引导孩子纠正错误，避免以后更多的痛苦。人非圣贤，孰能无过，更何况自制力差的孩子。只要父母意识到这一点，在孩子一错再错时，仍能够秉持宽容的心态，加以正确合理的开导，而不是一味地批评甚至暴力相加，相信会取得很好的教育效果。

扮演"黑白脸"，让孩子轻松认错

如今，越来越多的父母经常抱怨现在的孩子太难管，太难教育。孩子犯错了不认罚，父母罚得轻了没效果，罚得重了又容易导致孩子出现逆反心理。如何把握惩罚孩子的力度，让孩子心甘情愿地承担自己的错误，成了父母的心头难题。

不知道父母有没有留意过戏剧中的"变脸"，有印象的父母肯定对这一绝活感到惊奇，其实，在批评孩子的问题上，父母也可以学着"变脸"，即学会扮演"黑白脸"，让孩子在面对来自父母批评教育的同时，也能获得一定的鼓励和支持，愿意主动承担并改正自己的错误。否则，一味地打骂，很难取得好的效果。

赵先生的儿子已经快读初中了，虽然学习没什么压力，但赵先生还是希望儿子能多看点书，学些新知识，但儿子在学习的时候经常不用心，明明会的题还做错，赵先生批评他，他就生气地把书撕了。

家里人平时都太宠儿子，对他的做法也只能连连叹气。慢慢地，儿子变本加厉，让他看书都不去看了，只知道坐在客厅看电视。

这一天，儿子又因为不愿意学习而把书给扔到了垃圾筐里，赵先生很生气，就问他："你知不知道错了？"

"我没错，我就是不想看书。"儿子死不认错。

赵先生觉得不能再这样下去了，否则，儿子只会变成家里的"小皇帝"，不会听从任何管教的。

于是，赵先生和妻子商量后，决定对儿子进行严厉的管教，不管儿子怎么哭，怎么闹，他们就是不心软，如果一点错不认，赵先生还会动用"家法"，好好"修理"儿子一顿。

但一段时间之后，赵先生发现，这样也不行。儿子明显越来越害怕他们，别说让儿子认错了，一些新的不良习惯也在儿子身上慢慢滋生着。

虽说现在家庭中大多都是独生子女，但父母却不能对孩子百依百顺，这样只会害了他，让孩子变成家中的"小皇帝"，不仅不时地犯错，犯错后也不主动认错，更不会接受来自父母的批评和教育。但是父母也不想因为家教过严而让孩子产生畏惧心理，这样的话同样会使批评教育失去效果。

这可怎么办呢？其实，父母可以在孩子犯错时一个扮"白脸"，一个扮"黑脸"，恩威并重，慢慢教育孩子。扮"白脸"的主要任务是安慰和鼓励孩子，大多由母亲来承担这个角色，而父亲则扮"黑脸"，指出孩子不对的地方，并合理地惩罚孩子，做一个严父。

儿子闹情绪，晚上吵着要吃零食，但他今天已经吃过了，爸爸就拒绝了他的要求，但儿子不听，一定要吃。

爸爸说："不准吃就是不准吃，否则这星期你都别想吃零食了。"

儿子见爸爸这么不通情达理，就生气地跑到冰箱前面，打开冰箱

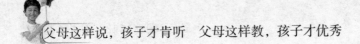

门，用力地把里面的东西全翻了出来。

"把东西收好放进去！"爸爸瞪着眼睛向儿子命令道。

"让我吃零食！"儿子不依不饶地说。

爸爸就不让吃，儿子就不把东西放回冰箱，眼见着东西渐渐全化了，但父子俩谁也没有让步。

这时候，妈妈回来了，听了事情的来龙去脉之后，也态度强硬地对儿子说："既然爸爸说了不能吃，那就不能吃，没有什么可商量的，回屋写作业去。"

儿子觉得特别委屈，哭着跑回了房间，还说爸爸妈妈都不爱他了。

爸爸听了之后想揍儿子，但妈妈却拦住了他，对他说："我觉得，咱们这样确实不是办法，万一儿子真的产生逆反心理该怎么办？"

"那也不能惯着他啊。"

"我觉得，咱们以后可以这么办……"妈妈把自己的想法告诉了爸爸，爸爸也觉得很不错，高兴地说："咱们一个扮黑脸，一个扮白脸，我来批评，你来哄，这个方法真不错。"

从那以后，当儿子再无理取闹的时候，爸爸就会站出来批评他，而妈妈则适时地安慰儿子"受伤"的心，并和气地指出他做得不对的地方，让他认识到自己的错误，由此积极改正。

一段时间后，爸爸妈妈发现，通过这样的方法，儿子真的改变了很多，不仅不再无理取闹，而且在犯了错后，还会主动承认自己的错误，向爸爸妈妈道歉。爸爸妈妈别提多高兴了。

在上述例子中，父亲对孩子的错误行为给予了批评，母亲则用比较温和的态度指出孩子错在了哪里，缓和了父亲严厉的态度对孩子造成的影响。这样一来，孩子既能感受到父母的威严，又能感受到家庭的温暖，还能认识到自己的过错。

但是，父母在使用"黑白脸"这一方式教育孩子的时候，一定要配合好，把握好教育的尺度，不能过于批评，也不能一味表扬，而且双方要保持一致的意见，让孩子无空可钻。否则只会起到相反的效果，当下次再遇到类似的情况时，孩子就不会听父亲的，直接央求母亲答应他的要求。

第四章　应对孩子过分要求的策略

态度坚决地拒绝孩子不合理要求

现在的孩子都是家里的掌中宝、父母的心头肉，虽然不可能家家达到锦衣玉食，但也是衣食无缺，几乎是要什么有什么，亏谁都不会亏待了孩子。不过，一旦对孩子百应百求，随着孩子年龄的增长，他的要求会越来越多，有时候还会有些不合理的过分要求，让父母十分头疼。

张晓阳是初二的学生，家境很好的他在物质上什么都不缺，只要他想要的，父母大多能满足他。在进入初中后，张晓阳的朋友比以前多了不少，彼此在一起经常打球、聚餐什么的，张晓阳的生活费也急剧上涨了起来。虽然家里比较有钱，但是父母也有些担忧了，他们认为尽管自己的孩子很聪明，学习不用父母操心，也很有孝心，就是花钱太大手大脚了，一旦没有满足他的要求，就会和父母生气，甚至一两个星期都不和父母说话。

这一次，暑假来临了，张晓阳想和同学一起参加北京的一个夏令营，这本来是好事，父母都很赞同，可听了他的要求，就感到很为难了。原来，夏令营时间不长，就一周多的时间，缴纳的全部费用在四千元左右，但张晓阳想和同学在夏令营结束后在北京玩几天，于是张口就向父母要一万元，这是一个不小的数目，正常游玩花不了这么多钱，而且他还是初二的学生，带这么多钱也不安全。父母商量后，决定给张晓阳的"预算"请求砍半，只给他五千元，即便这样也不少了，一般情况下是花不完的。

谁知道，张晓阳得知后非常生气，跟父母大吵大闹，非要一万元才行，禁不住他连续几天的哭闹折腾，父母在无奈之下只好满足他的要求。拿到钱后，张晓阳好像是换了个人似的，马上就对父母亲昵得不得了。父母看着儿子一副高兴的样子，心里有些郁闷：都上初二了，还这么任性，以后再长大些该怎么呢？

张晓阳父母的遭遇不是个例，如今在不少家庭中，父母在面对孩子的要求时都颇感苦恼，随着孩子的年龄增加，他们的要求也越来越多，条件也逐步拔高。有的父母想拒绝孩子的一些不合理要求，但遭到的是孩子激烈的抗议，甚至有的孩子像张晓阳一样还敢给父母脸色看。之所以出现这样的情况，其实问题的根源还在于父母身上。由于现在的家庭大多是独生子女，一个孩子成为六个长辈（父母、爷爷奶奶、姥姥姥爷）的生活中心，自然会有些娇惯。而对孩子来说，在小的时候受到诸多长辈的疼爱，其要求大多能得到满足，或者这位长辈没有满足他，其他长辈也会满足他，于是就形成了"只要我想要，就一定能得到"的不良心理。随着年龄的增加，孩子的这种心理在不断满足下越发的膨胀，以至于像张晓阳似的，到了初中阶段，还为了自己的喜好而和父母生气，全然不顾自己的要求是否合理。

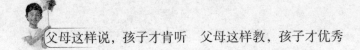

对于孩子的这种情况，父母们应该怎么应对呢？

答案很简单，就是对孩子的不合理要求，要明确地告诉他"你的要求是不合理的，爸爸妈妈是不会答应你的！"也只有表明自己的立场，父母才能让孩子意识到自己的要求是过分的。父母都有过同样的感受，那就是只要孩子想要的，自己内心总会有种"即使孩子要的是天上的星星，我们也想给他摘下来"的冲动。这种疼爱孩子的心情是可以理解的，但是我们给予孩子的不仅仅是满足他的要求，更是要帮助他更好地成长。而拒绝孩子非分的要求，正是帮助其理性认识自己，从而健康发展的一个有效方法。

同时，在处理这类事情时，父母还要注意以下几点，以便更好地帮助孩子改变这种不良习惯。

第一，拒绝孩子的同时要给他讲出理由。在拒绝孩子时，父母不能因为孩子的要求不合理而简单地　拒了事，而是要告诉孩子，他的要求为什么是不合理的，以及父母不能答应的具体理由。这样一来，孩子知道了自己的错误所在，自然就会明白自己是理亏的，父母不答应自己也是合理的。另外，父母在给孩子讲出道理后，孩子即使一时心有不满，也会在不久之后体谅父母，而不会造成长时间的亲子隔阂。

第二，要态度坚决，让孩子明白父母的决定是不可更改的。有的父母在面对孩子的不合理要求时，往往因为疼孩子而使态度变得不坚决，从而让孩子觉得有机可乘，自然就会更加哭闹并强硬要求。在这时，如果父母一时心软而退让一步，孩子在达到目的后，不仅不会因父母的宽容而收敛，反而认为学到了"经验"，再遇到类似情况时会变本加厉地这样做。因此，为了纠正孩子的不良习惯，父母在拒绝孩子不合理的要求时，要态度坚决，不能有一丝一毫的松动，这样才能达到最佳的教育效果。

第三，告诉孩子哪些要求是合理的。在孩子因要求没有得到满足而非常失望时，如果父母趁机将合理的要求说给孩子听，孩子在仔细考虑后大多会接受的，这样既能让孩子明白哪些要求是合理的，哪些要求是不合理的，还能让其在日后更倾向于直接向父母提出合情合理的要求。

用"谎言"拒绝孩子的出格要求

孩子有了过分的要求，有时候父母直接拒绝只会让孩子大哭大闹起来，一点也不体谅父母的苦衷，这可怎么办呢？有些父母舍不得孩子受委屈，他一哭就马上妥协了；有些父母倒是"硬气"，不管孩子如何哭闹，不同意就是不同意，但对孩子的教育却没有跟上，导致孩子心理受到了一定的伤害。因此，有时候为了拒绝孩子，父母适当地说一些"谎言"也是很有必要的。

刘军是小学五年级的学生，生性好动的他对各种体育活动都很有兴趣，不但学得快而且玩得很上瘾，看着他健康成长，父母也是很高兴。放暑假后，刘军迷上了游泳，爸爸还特意给他办了一张游泳馆的会员卡，而且游泳馆离家非常近，走着去几分钟就到，这让刘军能经常去游泳。

谁知道，不到一个月，学会了游泳的刘军对天天在室内游泳池中游泳感到有些不过瘾了，在结识的高年级同学的带领下，刘军也去城外的河中游泳了，前天还把自己捞到的鱼虾带回家炫耀。刘军的这种

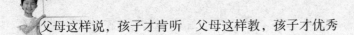

鲁莽行为，让父母很是担忧，阻止了几次都没有效果。想了半天后，父母采取了相应的方法来解决。

第二天上午，刘军跟爸爸说："爸爸，我去城外游泳了啊，回头再给您逮条大鱼。"

爸爸说："等一下，我跟你说一件事。"

爸爸让刘军坐到沙发上，之后说："儿子，你知道那条河的情况吗？我听说前不久那里有人失踪了，现在还没有找到呢？"

刘军一听，说道："是吗？我没有听同学说过啊！"

爸爸说："是真的，那个人也是去游泳了，但是不知被为什么他就沉下去了，听说是被什么东西缠住了脚，这不，到现在还没有找到这个人踪影呢。你要是去游泳时，注意一下能不能发现这个人。"

"我……哪能看到……"刘军被爸爸的一席话吓坏了，说话都哆嗦了。

爸爸仍然一本正经地说："唉，你别这样说，兴许你还真能看到呢，到时候赶紧打电话，兴许还能做件大好事呢！"

说着，爸爸还拍了拍刘军的肩膀。

"对了，儿子，我又想起来了，城外的那条河，不但今年，去年、前几年，都有溺水的人，有的人被救上来了，有的人没有找到，你可以问问你的那些同学，是不是每年都有这样的事儿发生。"爸爸不经意地说着。

刘军听后，坐在沙发上想了一会儿，之后跟爸爸说："我先出去了啊，咱们之后聊。"

"好的。"爸爸品着茶，不经意地回答。

一个小时后，刘军回来了。

"儿子，今儿怎么回来得这么早？泳游完了？"爸爸问。

"嗯，是这样的，有几个同学今天有事儿，人没凑齐就不去了。"刘军说道，"对了，我听人说，前不久好像是有人掉河里了，但也不清楚是否救起来，那条河是挺不安全的，经常有意外出现，我还是去咱家旁边的游泳馆游泳吧。"

爸爸一听笑了。

刘军喜欢游泳是好事，也得到了父母的支持，但是他却对高风险的河里游泳产生了兴趣。在正面劝说无效后，爸爸换了一种方法，用"前不久河里有人溺水身亡"这一貌似真实的事情来和刘军聊天，之后又把几年来河边的意外事故都讲出来，引起了刘军的恐惧，但爸爸并没有阻止刘军出去游泳，刘军出门后，还是很害怕，在向朋友们求证后，反倒佐证了爸爸的话。于是刘军主动地不再去河边游泳，而是继续去游泳馆游泳了。如此一来，父母终于阻止了刘军去河边游泳的不合理做法，而且没有引起他的反感。

刘军的爸爸采取的方式就是用善意的谎言来阻止孩子不合理的做法，避免孩子出现高风险的行为。对于这种方法教育孩子，让孩子不再提出非分的要求或有不合理的行为，不少父母都有些犹豫，担心这与自己一直以来教育孩子的"讲诚信，不说谎"似乎有些矛盾，还有的父母担心孩子知道真相更不好管教。其实，父母的这些担心是不必要的，虽然我们一直提倡教育孩子诚实，但是在一些特殊时候还是可以讲些善意的谎言，特别是当直接拒绝孩子会引起较大的家庭矛盾或者没有效果，并且会伤害孩子的心灵时。因此，父母在适当的时刻、适当的情境下采用这种方式，不但会收到良好的效果，而且即使孩子知道了，也会认可的。

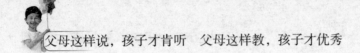

当然，这种方式不能常用，偶尔用之，效果会比较明显，如果经常采用，就会被孩子看出破绽，也会使孩子的质疑："一次两次是为我好，但经常这样对我说谎，也是为我好吗？"甚至孩子会产生更大的抵触心理，对父母说的其他话都采取怀疑的态度了。

在孩子对善意的谎言质疑时，父母要明白地对其讲出原委，不要为了圆这个谎言而继续编造更多的谎言，从而让孩子明白父母的一片苦心，体会到父母也是不得已才这样做的。相信只要父母大方、坦诚地与孩子交流，孩子会接受父母的解释并感激父母为了自己而做出的这一切的。

对孩子过分的要求采取冷处理的方式

很多父母面对孩子的过分要求都束手无策，直接拒绝的话孩子会闹个不停，打也哭，骂也哭，反正你不答应我，我就嚎个不停，让父母不得不妥协并满足孩子的要求。

张燕是小学六年级学生，她不仅学习很好，在生活中也能做到井井有条地处理自己的事情，这让父母省了不少心。但是，张燕也有个缺点，就是有时会提出出格的要求，而她的个性也比较强，如果父母直接拒绝，她会心情低落好一阵子。

周五的傍晚，张燕放学回家后，兴冲冲地对爸爸妈妈说："爸爸妈妈，我的期中考试成绩位列班上第五名，我厉害吧！"

爸爸妈妈听后也很高兴，连声夸奖："宝贝女儿啊，你真了不起，比上次又前进了好几名呢！"

"那是，不看我是谁！哈哈，这次对我有奖励吗？"张燕说道。

"当然有，只要是合理的要求，爸爸妈妈会满足你的！"爸爸高兴地说。

"我想要一张演唱会的门票，就是现在正红的那个歌星的，她下个月来我们这里开演唱会，我们一起去看好不好？"张燕兴奋地说。

听完女儿的这番话，爸爸一下子愣住了，女儿的这个要求太不容易满足了，由于这个明星现在很红，演唱会的门票相当昂贵，曾听女儿念叨说一张门票足足四千多元，一家三口去看的话，要一万多元呢，这对于普通工薪家庭来说实在是太奢侈了。

妈妈在一旁也感觉到女儿的这个要求不靠谱，于是给女儿说："乖女儿，你能换个要求吗？这个要求有些满足不了呢！"

张燕一听，有些生气地说："哼，你们这是没有诚意，明明让我讲要求，结果又不同意了！"

爸爸妈妈怎么都哄不了张燕，后来，爸爸生气了，冷冷地看了她一会儿，淡淡地说："你的要求过分了，自己想想吧！"

然后，爸爸就把妈妈拉到其他屋里了，留下了张燕一人在沙发坐着。

失望的张燕哭了一会儿，慢慢地走回房间，接下来的几天，家里的气氛比较沉闷，但不久之后就又恢复了以往的状态，变得有说有笑了。原来，张燕想明白了自己的不对之处，慢慢理解了父母的话，再加上其他事情也转移了她的注意力，慢慢就把去看演唱会这件事淡忘了。张燕爸爸妈妈无意中用的冷淡处理方法得到了很好的效果，这让

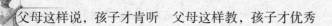

他们十分的高兴。

在生活中，不少父母都遇到过和上面故事类似的情况。自己的孩子学习好或其他方面比较出色，但往往会以新取得的成绩提出过分的要求，好像取得好的成绩就应该得到极大的奖励似的，从而让父母感到很为难。答应孩子吧，这会让孩子误以为只要取得一点进步就能挟功劳提要求了，长此以往很不利于孩子的成长；不答应孩子吧，孩子毕竟取得了一点成绩，强硬地拒绝往往有些于心不忍。这时，父母可以尝试上面故事中张燕爸爸的做法——冷处理孩子的出格要求。

冷处理的意思是说对一些事情进行低调的处理，让对方在受到冷淡时明白道理，这样既能不破坏双方的关系，也能表明自己的态度。在应对孩子的出格要求时，父母不妨这样去做，首先告诉孩子"这个要求不能答应，它是不合理的"，然后就冷淡地不再提及这件事。在使用这个方法时，父母做到以下几点，就会收到更好的效果。

第一，让孩子明确知道其要求是不合理的。父母在和孩子交流时，面对其提出的出格要求，可以明确地告诉他"这是不对的"、"这样的要求是不能被满足的"，从而让其知道自己是在强人所难。也只有父母将这个观点告诉了孩子，才能为接下来的拒绝做好铺垫。在告诉孩子的同时，还要把理由一并讲出，让其在心里对自己的行为有个大致的判断，这样更有利于对孩子的教育。

第二，在拒绝孩子时，父母不能面带笑容，但也不能太过生硬和死板，更不必大光其火，而是要冷淡地对他说话，让孩子从父母的表情和语气中感受到自己提出的要求是不合理的，这样做有时比直接斥骂还有效。在冷淡地拒绝孩子之后，父母要去做其他事情，而不是一直陪着孩子，这样既能避免增加亲子间的隔阂，也能让孩子从父母的行为中体会出原来自己提出的要求过分了。

第三，对该事情的冷淡要坚持一段时间。父母在拒绝孩子后，应在此后的几天中，避免再次谈论此事，或者孩子想挑起这个话题时，父母要继续表现出冷漠的样子，让孩子知难而退，并且杜绝孩子再次提出同样的要求以求父母软化态度、能够应允的投机心理。

反诘教育法让孩子不再难缠

因为来自父母、家人的宠爱，越来越多的孩子变得难缠，除非满足他们的要求和愿望，否则无法平静地进行沟通，这让很多父母烦透了心。其实，孩子难缠，是父母没有用对正确的教育方法，只要方法对，再缠人的孩子也能变成贴心小宝贝。

王辉是初一的男生，精灵古怪的他是父母眼中的宝贝，一般来说，只要不太出格，他的一些要求父母都会满足，但是随着王辉渐渐长大，父母对他的要求也愈加严格了。以往，王辉在周末会和同学出去痛痛快快地玩儿，但升到初一后，当王辉提出周末和同学玩时，往往会得到父母的反对："不行，先写完作业再去""你还有辅导班需要上呢！"这让王辉很是郁闷，也渐渐开始了反抗。到后来，父母发现这种直接拒绝孩子要求的方式已经不太有效了。

这怎么办呢？王辉的爸爸开始关注起亲子沟通问题了。后来，

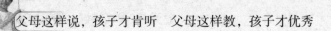

他想出了这样一个方法，当孩子提的要求不合理时，可以尝试"迂回拒绝"。

不久，王辉放学回到家中，跟爸爸说："爸爸，周末我要和同学去打电子游戏。"

爸爸心想，这马上就要期末考试了，孩子的功课还没有复习好就去玩是不太合适的。于是沉思了一会说："儿子，为什么忽然想起来去打电子游戏呢？我记得你以前对此不热衷啊！"

"是这样的，我们班上的男生组织了团队，需要在一起练习，由于缺人手，我就补上了。"

"你们的练习安排是什么样的呢？"爸爸追问道。

"这周开始热身，下周末开始练习对抗赛，练一个多月后，假期里我们和其他学校的同学正式比赛。"

"哦，那你是怎么安排练习游戏和准备期末考试这两者的时间呢？"爸爸又问道。

"这个……我还没有想到。"王辉不好意思地一笑。

"嗯，看来你需要仔细考虑这件事情啊，儿子。"爸爸没有责怪王辉，而是拍拍他的肩膀，留下一句话就出去了。

王辉愣了一会儿，就回屋了，第二天，他跟爸爸说："我不去打游戏了，太浪费时间了，打算先把功课温习一下，有空闲了再去打游戏！"

爸爸听后，微微一笑。

与以往的直接拒绝和生硬的态度相比，王辉的爸爸用这种亲子沟通方式，取得了较好的收效。这其实就是在孩子提出自己要求时，父母认为不合理，无法给予满足而采用的对其要求进行反问或对其要求的细节和前后因果逐步深入质问的方式。当孩子提出不合理的要求时，用这种方式往往会让孩子自动住嘴，不再一味地纠缠。有兴趣的父母不妨尝试一下这种方式。在应用这种方式时，父母如果做到以下几点，将会取得更好的收效。

第一，先考虑之后再回绝孩子的出格要求。父母不要一开始就直接回绝孩子的要求，哪怕是无理的要求，也要先仔细想一想，权衡之后再对孩子说。这样做既是对孩子的尊重，让孩子真正体会到"不管我的要求是什么，父母都在仔细考虑"，也能起到缓冲孩子急切心情的作用。

第二，用反问的方式对孩子的要求提出疑问。父母在考虑成熟后，可以先不对孩子的要求直接地回答"是"与"否"，而是让孩子重复其要求，并讲出原因。然后，父母从要求的不合理之处入手，向孩子提问，或者帮孩子设想"如果这样做了会怎么样"。在步步深入中，让孩子看到其要求的不合理之处，其急于满足要求的想法自然就会停下来。同时，这种方式还可以帮助孩子理清思路，锻炼孩子的逻辑思维，在父母的引导下，孩子对自己的想法中哪些是可取的，哪些是不可取的，会逐渐有所评判。

第三，父母要让孩子明白不是在故意刁难他。在用这种方式和孩子交流时，虽然通过反问的方式让孩子打消了其出格的要求，但出于抚平孩子不甘心理的缘故，父母还要给孩子解释："爸爸（妈妈）这样做不是故意刁难你，目的是帮你理清思路，明白哪些是可行的，哪些是不可行的，对于你的合理的想法和要求，爸爸妈妈是很欢迎的，也会尽量想办法予以满足的。"相信经过父母的解释，孩子因要求没有得到满足而产生不满的情绪会得到极大的缓解，也更有利于亲子间的沟通和交流。

孩子要求不合理，父母先夸再拒

很多父母因为舍不得拒绝孩子，只能没有节制地满足孩子的各种需求，就算是一些不合理的要求，因为害怕孩子哭闹而答应下来。久而久之，只会让孩子不再听父母的话，而且要求越来越多，越来越过分。

李华是一名初三的学生，她不仅在班上的学习成绩是上等，而且还有不少特长，唱歌、弹钢琴、绘画、跳舞等样样都会，可以说是班上的多面手，很受同学们的欢迎，也深受老师和父母的喜爱。当然，除了这些优点外，李华也有一些缺点，比如她有点小脾气，时不时地会向父母提些要求，有的要求比较合理，父母就会很爽快地答应她，有的要求有些出格了，倘若父母没有满足她，就会受到强烈的抗议和无尽的纠缠，大有不达目的不罢休的势头。父母被缠得实在不行而又无法实现时，就会从别的方面加大补偿的力度。

这一天，李华又兴冲冲地回家了，她从书包里掏出了一份奖状和一个精致的太空杯，得意地向父母炫耀说："这次我在学校舞蹈比赛中获了二等奖，这是奖状和奖品，你们看看！"

父母对此也很高兴，连声夸奖："我们的女儿很棒！又获得了一次大奖，你真是爸爸妈妈的骄傲啊！"

李华得意地笑了笑，然后眼珠一转说："你们看看我多给你们争脸啊，是不是该给点奖励呢？"

"嗯，有付出就有收获，你获奖了就要有奖励的，不过你不是已经拿到奖品了吗？"爸爸一听女儿又提要求了，就感到有些头痛了。

"那是学校给的，你们还没有给呢！"李华有些不乐意了。

"嗯，我们的乖女儿多厉害啊，这是今年第三次获奖了，这可不多见啊，自从升初中以来，光奖状都十来个呢！"妈妈见状忙插话。

"那是，你们也不看看我是谁！"李华一听高兴了，得意地说，

"我们的女儿是天下最优秀的女儿，不但聪明漂亮、多才多艺，而且特孝顺，很懂礼貌，知道心疼父母，经常帮父母干活，还给父母按摩。"妈妈继续夸奖着。

李华听了，心里美得不行，原来自己的优点，父母都看在眼里、记在心里呢。

"我们的女儿不但在家里懂事，体贴父母，在外也很懂事啊，咱们大院里，不管是见到谁，女儿都会主动打招呼，还经常帮楼下的张奶奶拎菜篮子，帮王阿姨照看小宝宝，你看谁不夸奖她啊？"爸爸也加入了夸奖女儿的行列。

"嘿嘿，我哪有那么好，看你们夸得我都不好意思了。"李华笑着说道。

"有这么多优点，当然值得夸奖啦！你看看今天不是又拿到了二等奖了吗？爸爸妈妈心里高兴啊！"妈妈笑着说。

"哎呀，一个普通的小奖啦，不值得那么大惊小怪的，以后我拿个一等奖给你们看看。"李华信心满满地说。

"好啊！加油哦，乖女儿，爸爸妈妈等着看你拿头等奖的那一天哦！"爸爸鼓励道。

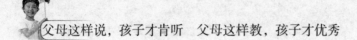

"是啊，我们都盼着呢！这次的奖励该给你什么呢？"妈妈趁机引出话题。

"这次啊，算了算了，等我拿了一等奖再说吧！"李华满不在乎地摆摆手说，浑然忘了回家前想要什么奖励了。

生活中，虽然李华在各方面都很优秀，但她的父母也会为如何应对她的一些出格要求而苦恼，担心直接生硬地拒绝会伤害到孩子的自尊，而次次满足其不合理的要求会增加家庭的负担，也会让孩子产生"我要什么就有什么"的不良心理，不利于其健康成长。在这次李华拿到学校舞蹈比赛二等奖中，她本想再从父母手里争取些奖励，但在妈妈巧妙的赞赏中，自觉地放弃了自己的要求，这就是"赞赏拒绝法"效果的实际体现。李华的父母这么做，既肯定了李华的努力和成绩，也增强了她的自信心，激励她向更高的目标奋进，又在不伤害其自尊的前提下，让她产生"原来自己有那么大的本事呢，因为这次的小成绩就索要奖励确实有些不合适"的想法。

我们每个人都有过类似的经历：即当自己向他人求助或提出要求时，如果对方先赞赏几句然后再拒绝自己，自己依旧会很高兴，虽然目的没有达到，但仍认为别人是了解自己、欣赏自己的，并且很少会产生怨恨的心理，情况同样适用于家庭教育之中。

曾有人说，赞赏是家庭中亲子关系的润滑剂，它能大幅度减少亲子摩擦的概率。赞赏能让孩子感受到父母对自己的认可和关注，这不仅会鼓舞孩子，还会让孩子也理解父母、支持父母，进而对父母的话更加认同。因此，父母先赞赏再拒绝孩子的要求，其收效会比简单粗暴地否定好很多，不会让孩子产生逆反心理。但是，父母如果想要较好地运用赞赏拒绝法，还要做到以下三点。

第一，赞赏要有的放矢。每个孩子都希望能够得到父母和老师的赞赏，这是一个人希望得到周围的人认同的心理决定的。想必每个人都有这样的体会，即我们想得到的是别人对自己真正的认同和赞赏，并不是表面上简单夸自己几句就行了，因为那样的夸奖缺乏诚意，甚至在某些场合下会被认为是敷衍或反话。因此，父母在赞赏孩子时，就要有的放矢并言之有物，这样收效会更为显著。

赞赏要适度。我们知道，做任何事情都需要把握一个度，凡事过犹不及的道理人人都懂得。如果父母就一件小事而对孩子大夸特夸，反而会让孩子感到不习惯甚至会反感，因此，在赞赏孩子时，父母可以根据孩子取得成绩的大小、进步的速度等给予相应的鼓励和认同，这样会让孩子更易于接受表扬，也更能激励他们上进。

第二，要把握好时机赞赏孩子。一般来说，孩子对自己的要求是否合理，都会有清楚的判断，之所以会将不合理的要求提出来，无非是想获得更多的奖励。如果孩子一开始就知道自己的不合理要求会被拒绝的话，他就会降低期望值，并将其转为合理的要求。另外，当孩子提出具体的不合理的要求后，父母再去赞赏他并削减其要求，会给孩子一种讨价还价的印象，不利于亲子的沟通。因此，赞赏拒绝法应在父母发现孩子想挟奖图报而没有具体提出要求时使用效果最好。这时，父母可以把孩子的不合理要求提前堵住，让孩子在赞赏中明白自己的要求得到允许的底线在哪里，同时自动放弃提出那些过分的要求。

第五章　父母应走进问题少年的心里

"怀柔政策"帮助孩子克服游戏瘾

随着互联网的普及，很多孩子都学会了上网，玩游戏也成了他们生活的一部分。如果在学习之余合理上网玩游戏，那倒没什么大碍，但是很多孩子自控力差，染上了游戏瘾，父母为此苦恼不已。不少青少年沉迷网络、毁掉大好前程，甚至导致家庭悲剧的案例屡见报端，从而让更多的父母忧心忡忡。对此，很多父母抱着恨铁不成钢的心态呵斥、谩骂孩子，甚至对孩子大打出手。其实，孩子玩游戏成瘾，错不只在孩子，与父母的管教方式不当也是有很大关系的。不合理的教育方式，不仅无法让孩子戒掉游戏瘾，也伤害了亲子关系。

最近爸爸为家里添置了一台电脑，方便儿子王翔查一些学习资料。没想到王翔在同学的影响下，迷上了网络游戏，经常一个人待在屋里，还不让外人进家门，整个人也一天比一天变得冷漠、封闭。

"又在玩游戏，快给我关了！就不能好好学习吗？"爸爸很生气，大声地吼道。

王翔聚精会神地玩游戏，哪里有空理爸爸，爸爸说完话，他也没抬头。

"你这小子，越来越不听话了！"爸爸是个暴脾气，说完就把网线拔了。

"您干吗？我的战果都没啦！烦人！"王翔眼看着自己在几个月辛辛苦苦积攒的战果眨眼就没了，"哐当"一声把鼠标摔在了桌上。

"你这小子，还跟我横！"爸爸扬起手，给了王翔一巴掌，"看书去！"

王翔捂着疼痛的脸，夺门而出，发誓再也不回家了。他找了一家网吧，疯狂地玩起了游戏，一玩就是一个星期。

父母急坏了，饭也吃不下，找了王翔好多天，最后终于在那家网吧找到了，爸爸又是对他一顿暴打。

此后，王翔不敢在爸爸眼皮底下玩游戏了，所以就开始逃课去网吧玩游戏，或者利用爸爸不在家的时候玩。渐渐地王翔的学习成绩下滑了，人也变得消瘦了。

王翔沉迷于游戏，这让爸爸很苦恼。爸爸为了让他戒掉网瘾，不惜责骂、痛打，各种方式都用上了，却最终逼得王翔离家出走。其实，爸爸用错了管教方式，如果能够正确对待王翔，将其从游戏瘾中救出来是不难的。

如今，面对越来越大的升学压力，学校和父母都很重视孩子的学习成绩，孩子的学习压力也因此越来越大，课业负担也日益繁重。而网络游戏作为一种娱乐和放松的方式，可以帮助孩子缓解压力、消除烦恼，对孩子的吸引力很大。但是，有很多游戏充斥着血腥和暴力，内容是不健康的，而且孩子一旦沉迷于游戏，势必影响学习。所以，父母应积极参与到孩子的生活规划中去，监控和引导孩子健康地玩游戏。比如，父母可以与孩子沟通和协商，合理安排玩游戏的时间，同时可以采取某些措施如定闹钟、加密和安装相关软件来配合监管。同时，避免将电脑放置在孩子的房间，也是一种很好的方式，这样能很大程度上减少孩子使用电脑的时间。当孩子养成了合理上网的好习惯，就不会沉湎于游戏而不能自拔了。

很多玩游戏成瘾的孩子反映，他们之所以陷进去无法自拔，是因为学习很无聊，成绩也不好，而从游戏一关一关的挑战中，自己的能力能够被发现和肯定，他们不仅获得了自信和成就感，还交到了很多网友。对此，父母在生活中要多鼓励和肯定孩子，帮助孩子建立自信心。在学习上，父母可以先提出一些较低的要求，然后不断地鼓励孩子，让孩子在一点一滴的进步中收获自信。同时，父母也可以帮助孩子培养一些兴趣爱好，以转移孩子痴迷游戏的注意力。比如鼓励孩子多读书，和同伴一起玩耍，打打篮球等，这样孩子在现实生活中找到了快乐，交到了朋友，就不会沉迷了虚拟网络游戏了。

当然，在帮助孩子戒掉游戏瘾的过程中，父母不能抱有急功近利的心态。孩子的自制力差，在戒掉游戏瘾的过程中，难免出现反复的情况，因此父母要做好打长期战的准备，耐心地监督、教育和帮助孩子。

　　小武玩网络游戏上瘾了，最近常常夜不归宿，爸爸妈妈天天在各个网吧里找，同时各种教育方法也都用尽了，但均不见效果。爸爸妈妈经过认真思考后，决定认真同小武谈一次。

　　"小武，你玩电脑游戏多长时间了？"爸爸问。

　　"一年了。"小武看爸爸没有骂他就小心地回答道。

　　爸爸接着问小武："你有没有战胜所有的游戏对手？"

小武回答："没有。"

爸爸接着说："知道为什么你不能战胜吗？儿子，因为你不知游戏幕后的开发情况。"于是爸爸给小武讲了游戏的来历，介绍了电脑游戏设计的一些意图，然后说："为什么会有那么多人玩游戏但赢家却很少？因为游戏的规则和程序有一定的设计目的，不会让玩家轻易获胜。你还太小，往往控制不住自己，所以会沉迷其中。"

这时，小武恍然大悟，他感觉自己正在浪费时间做着一件愚蠢的事，于是跟爸爸说："爸爸，我想戒网瘾。"

大喜过望的爸爸拍了小武的肩膀。由于网瘾不可能马上戒除，为了防止小武再去网吧，此后，爸爸特地在家也买了电脑，并严格为小武安排了上网的时间，定点提醒他注意让眼睛休息。即使小武还想玩游戏，爸爸也没有绝对禁止他，而是一次次地逐步减少他玩游戏的时间，小武没有食言，一段时间后，他彻底告别了网络游戏。

游戏是一把双刃剑，它可以带给孩子欢乐，也可能将孩子拉入深渊。如果孩子不幸染上了游戏瘾，父母也莫须惊慌。如果父母能够耐心监督和教育，帮助孩子脱离游戏的苦海其实并不是一件难事。

帮助孩子突破心理牢笼的束缚

在孩子的成长过程中，很容易因为心智的不成熟而对事物认识不到

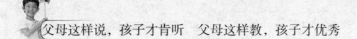

位，具体表现为害怕自己的一些举动而引发周围人的评价，以致畏首畏尾，不知道如何向前迈步。孩子的这种表现通常会让父母既心疼又担忧：年纪小小的就有那么多顾虑，就那么在意周围人的看法，这可怎么办才好呢？

　　一天，妈妈带着儿子赵小凯去买衣服，赵小凯在琳琅满目的服装专卖区中，一下就看中了一件带着粉色的男款运动服。他指着那身运动服问妈妈："妈妈，那套衣服怎么样？"

　　"嗯。还不错，你喜欢吗？喜欢咱们就买下来。"

　　"嗯……"听妈妈这么说，赵小凯突然托着下巴思考了起来，最后摇摇头说道："还是不要了，男孩子穿粉色衣服，会被同学们笑话的。"

　　"不会啊，你皮肤白，穿粉的也适合。"妈妈鼓励道。

　　赵小凯还是摇摇头，拉着妈妈去看其他衣服了。

　　故事中的赵小凯明明看中了自己喜欢的衣服，但是担心受到同学的嘲笑而左右为难，最终放弃了购买的想法。在实际生活中，像赵小凯这样的例子比比皆是，这是因为孩子在成长中逐渐对自己有了更深的了解，同时又没有形成牢固的自主信念，比较容易受到周围人的影响，对周围人如何看待自己也十分敏感，这种顾虑甚至会形成一种思维习惯，在做什么事之前都会先想到"其他人会怎么评价我"、"别人会认为我这样做是错的吗"之类的问题，结果往往被这些假设性的观念束缚住手脚，导致年龄小小却显得暮气沉沉。因此，父母应采取相应措施帮助孩子从这种心理牢笼里解脱出来，以下几点可供参考。

第一，父母应多和孩子聊天，在了解到孩子心中的想法后，告诉孩子自己的顾虑不一定都是对的。当父母发现自己的孩子有类似赵小凯的顾虑时，应鼓励他将自己的想法和担忧都说出来，帮他分析这些想法哪些是必要的，哪些是不必要的。父母还可以通过故事、实际例子等告诉孩子，别人的看法有时只是无心之语，或者只代表他们的个人意见，并不一定都对，因此，孩子要能坚持自己的想法才行。

第二，父母应鼓励孩子大胆尝试以前不敢做的事情，使孩子逐渐摆脱心理的牢笼。让我们再看看接下来赵小凯的故事。

回到家后，妈妈对爸爸讲起了这件事，苦恼地说道："儿子小小年纪怎么这么在意别人的目光呢？我看，还是把那件衣服买回来，鼓励他穿穿试试，真的很合适嘛。"

妈妈不想儿子这么小就在思想上束缚住自己，在得到爸爸的支持后，第二天悄悄把那套运动服买了回来。

"儿子，妈妈今天要给你一个惊喜！"当赵小凯放学刚打开家门走进来，妈妈就兴奋地迎了上去。

"给我买好吃的了吗？"赵小凯笑嘻嘻地问道。

"就知道吃。看，妈妈把昨天的衣服买回来了，快穿上，让妈妈看看。"

"妈妈……"赵小凯眼里的惊喜一闪而过，随后显露出了一副不情愿的表情，说道："我不是说不要这件吗？万一穿上像小姑娘怎么办。"

"你穿上试一下不就知道像不像小姑娘了吗？妈妈觉得很适合你，而且我问售货员了，这就是为男孩子设计的衣服，你穿上不会错

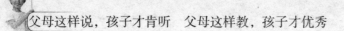

的。"妈妈说。

赵小凯眨了两下眼，看看衣服，自己真的挺喜欢，便点了下头，小声回答道："那……我就试穿一下？"

"嗯，穿一下，不合适妈妈拿去换。"

"好。"赵小凯腼腆地笑了笑，抱着衣服跑进了自己的房间，不一会儿，羞答答地低头走了出来。

"妈妈，怎么样？"赵小凯问。

"这不是很合适吗？而且显得我儿子更阳光帅气了。"妈妈夸赞道。

"真的？"

"妈妈什么时候骗过你，自己去照照镜子。"

赵小凯赶紧跑进了卫生间，没一会儿乐呵呵地跑了出来，对妈妈说道："真的好看的。"

"对吧，妈妈没说错吧。"

"嗯。"赵小凯使劲地点了几下头，然后说："以前听同学们说男孩子穿粉衣服会显得很女性化，所以我就告诉自己千万不能穿粉色的衣服，不过今天试了试，我觉得男孩子也是能穿粉衣服的。看来，很多事情不亲自试一试，是不知道结果的，谢谢妈妈让我懂得了这个道理。"

上面的故事中，妈妈的做法很巧妙，也取得了良好的成效，让孩子大胆地穿上了自己喜欢的衣服。更重要的是，妈妈的举动让孩子在心理上突破了原有的观念的束缚，也让他明白了"亲自尝试才知道结果"这个重要的人生道理，为他以后彻底摆脱这种束缚奠定了基础。在生活中，父母也可以借鉴赵小凯妈妈的方法，鼓励孩子将他人诧异的眼光、冷言冷语和质疑的声音都弃之一旁，在自己喜欢的领域大胆尝试。

除此以外，父母还要加强孩子的主观意识，多培养孩子的主见。有数据显示，在小学、初中的孩子中，那些自主较差、主见意识不明显的孩子更容易受到他人的影响。因此，父母可加强在这方面对孩子的教育。从日常小事开始，让孩子积极动脑筋，提出自己的看法，并自己做主去干，时间一长，孩子就会变得越来越有主见，不再为无谓地担忧而伤脑筋或畏首畏尾了。

教孩子明辨是非，改掉坏习惯

孩子的小偷小摸行为很是常见，但随着年龄的增长，这种现象会逐渐消失。专家认为，孩子之所以出现这样的现象，是因为他们还没有足够的意志力控制自己的行为。尽管如此，当孩子出现小偷小摸的行为时，父母也不应置之不理，要多和孩子进行语言上的沟通和交流，打消孩子的顾忌，让孩子主动承认自己的错误，并改正。

妈妈最近发现自己总是莫名其妙地"丢"钱，明明钱包就在家里好好放着，可回头一看，就会发现里面不是少了五块钱，就是丢了十块钱。这是怎么回事呢？难道家里进贼了？可如果有贼的话，为什么不把钱全偷走，而是只拿一部分呢？妈妈想了好长时间都想不明白这到底是怎么一回事，直到有一天，妈妈发现自己的儿子偷偷跑进了她的房间，过一会儿又悄悄出去后，才知道了真相。

"不会是儿子拿的吧？"虽然妈妈大概了解是怎么一回事了，但她还是不敢相信自己的儿子会做出小偷一样的行径。

为此，妈妈特意想出了一个办法，看看到底自己钱包里的钱是不是儿子拿的。

周末的一天，妈妈随手把钱包放在了饭桌上，然后假装去洗手间，之后悄悄躲在了洗手间的门后，从门缝里观察着饭厅里的动静。

几分钟过去了，饭厅里没有任何动静，妈妈正想着是自己误会了儿子时，儿子房间的门发出了轻轻的吱呀声。

不一会儿，妈妈就看见儿子探头探脑地出现在了饭厅，轻手轻脚地来到了饭桌前，东瞧瞧，西看看，确定没人后，迅速地拿起了桌上妈妈放的钱包，从里面抽出了两张五块钱的纸币。之后，把钱包放回原处后，儿子迅速地跑回了房间。

吃晚饭的时候，妈妈装作没发生任何事情一样，随口说道："最近真是很奇怪啊，放在钱包里的钱总是会少，难道是我不注意多花了？"

"是不是你记错了？"爸爸笑道。

妈妈一边皱眉头，一边看着对面的儿子，只见他先是惊慌了一下，在听到爸爸的话后，赶紧附和道："肯定是妈妈记错了。"

"是吗？那可能是记错了，最近妈妈的记性是不太好。"妈妈说完，就见儿子像是松了口气一样，大口地吃起饭来。

"儿子，今天吃饭之前，你来饭厅了吧？"妈妈放下碗筷，轻声问。

"啊？"儿子吓了一跳，连忙摇头。

妈妈继续问道："好像动了妈妈的钱包？"

"没有啊。"

"没有吗？那咱们家还有其他孩子吗？"

"不知道……"

"妈妈都看见了，你还敢撒谎？太气人了，小小年纪竟然学会偷钱了！在家偷钱，出去是不是也偷别人的东西了？今天妈妈一定要好好管教管教你！叫你再偷东西！"妈妈生气地拍着桌子，对儿子真是失望透了。

时下，独生子女家庭越来越多，且生活条件比从前更优越，但物质水平提高的同时人们的欲望也在膨胀，孩子在父母的宠爱下更是如此。如果父母不给予满足，类似故事中儿子的行径也就随之而生了。这种行为是必须及时纠正的，否则，长此下去，后果将不堪设想，成年后可能会出现一系列人格偏差问题，小偷小摸也可能会演变成违法乱纪等行为。对于孩子的偷窃行为，许多父母会大发雷霆，并痛打孩子或者当众数落，殊不知，这样不但解决不了问题，还有可能让孩子自暴自弃，产生逆反心理。所以，当父母发现孩子有这种行为时，应该冷静对待，先找出原因，再因势利导，有针对性地对孩子分析问题，才能更好地让孩子认识到自己的错误，从而改正。

除了偷东西之外，一些孩子还有撒谎的恶习，为了达到某种目的，而向父母编织了一个又一个谎言，这是很不好的习惯。

刘冬梅今年刚上小学一年级，可她特别讨厌去上学，总想和妈妈待在一起，于是一个周一的早上，刘冬梅搂着妈妈的脖子说："妈妈，我今天不想去上学，你能不能也不要上班，在家里陪我玩呢？"

"这可不行，学生就是要去上学的，妈妈如果不去上班，怎么挣钱给你买好吃的呢？"妈妈摇头拒绝了刘冬梅的要求，刘冬梅不高兴地噘起了嘴，但还是听了妈妈的话，背起书包去上学了。

上午10点，正在工作的妈妈突然接到学校的电话，说是刘冬梅在学校突然晕倒，已经送进了医院。

妈妈心急火燎地赶到医院的时候，刘冬梅已经清醒了，医生检查过后，说刘冬梅没问题，便让妈妈带着她回家了。

回家的路上，刘冬梅很高兴地抱着妈妈的脖子，撒娇道："妈妈，今天终于能和您一起在家里玩了。"

妈妈连连点头，并买了刘冬梅最爱吃的炸鸡块带回了家。

在家里，妈妈看着活泼的女儿，心里突然产生一个想法：会不会是女儿撒谎故意骗了大人们，说自己生病了呢？

虽然有这种可能性，但妈妈还是觉得女儿不会做出这种事情来，便笑着摇了摇头，陪女儿玩了起来。

后来，又发生了几次类似的事情，妈妈才确定，女儿真的是说谎骗了大家。可女儿为什么突然变得爱说谎了呢？她实在是想不明白这其中的原因。

当父母发现孩子撒谎时会觉得生气和难过，不过，从发育角度看，孩子有时撒谎是很正常的。孩子撒谎有很多方面的原因，比如，可能是看到父母撒谎，然后跟着学，这种情况下，父母通常不会意识到是自己的问题的。还有可能就是父母太严厉了，不是打就是骂，孩子为了避免被打骂，有时候不得不违心地说谎，久而久之就养成习惯了。

想要改正孩子说谎的坏习惯，父母不能在孩子的面前说谎，否则，孩子耳濡目染，会效仿的。父母应奖赏孩子说真话，即使孩子犯了错误，只要说了真话，就应该给予肯定，并引导他不断地完善自己。另外，父母不能用打骂、惩罚、斥责等消极方式对待孩子，避免孩子以谎言来应付父母。如果孩子在毫无压力的情况下依然说谎，父母就要引导他明白道理，让他今后不再说谎。如果即使这样做了，孩子还经常说谎，那就有必要明确地给予必要的惩罚了，从而帮助孩子清楚地区分可以做的事和不可以做的事。

有效的沟通让孩子不再有暴力倾向

父母可能发现，随着孩子年龄的增长，孩子打架的情况越来越多了。相关专家表示，父母对孩子事事顺从有可能引发孩子在行为上出现问题，但更为重要的原因是父母对孩子的教育方法，尤其是孩子处在性格形成期时，倘若父母的教育方法不当，就极有可能引发孩子的行为问题。

因此，父母应在发现孩子有暴力倾向时，就和孩子谈谈心，让孩子不再用暴力手段解决问题。

杨安阳是一群孩子的头儿，每天带着这群孩子们到处疯玩，父母见他们也没做什么坏事，也就任凭他们玩闹了。

　　但是最近，这群孩子中加入了一个性格比较内向的孩子，因为说话结巴，经常被别人嘲笑，杨安阳就经常带头欺负他，还给他取了个外号叫"小结巴"。

　　"小结巴，今天吃饭没？"

　　"吃……吃……吃了……"

　　"小结巴，小结巴……吃……吃……吃了……哈哈哈……"一群孩子闹腾起来没完没了，围着小结巴又是讽刺，又是嘲笑。

　　妈妈知道这件事后，对杨安阳说："你这样做不好，你是孩子们的头儿，应该带着大家帮助弱小同伴，而不是欺负他。"

　　杨安阳却不以为意，说道："逗他好玩嘛。"

　　妈妈说了几次，杨安阳都不听，只好摇着头走开了。

　　第二天，妈妈回来的时候，带来一只流浪猫，脏兮兮的，十分瘦弱，只有巴掌那么大点，杨安阳看见后，很心疼地看着小猫，并对妈妈说："妈妈，它好可怜，我们该怎么帮它，它才能健康的长大呢？"

　　妈妈没想到，爱欺负小伙伴的儿子竟然还这么有同情心，便想着趁此良机，让儿子学会帮助弱小者。

　　于是妈妈对杨安阳说："小猫现在还比较虚弱，如果我们好好照顾它的话，它一定会变健康，长成大个子的。现在这只小猫呀，就像那个说话结巴的孩子一样，没有咱们的帮助，是不行的。"

　　"是吗？原来小结巴也和小猫一样可怜啊，我真的可以帮助他吗？"儿子说道。

　　妈妈点点头，对杨安阳说道："当然能，只要你不再带头欺负他，与大家一起多帮他练习说话，没准连他结巴的毛病能纠正过来呢。那时候，你们可就是大英雄了！"

杨安阳听了，眼睛一亮，连忙站起来跑了出去，"我现在就去召集大家，从明天开始，我们帮小结巴改掉结巴的毛病。"

"不要再叫人家小结巴了哦，不礼貌。"妈妈提醒道。

"嘿嘿，叫习惯了，我慢慢会改掉的。"杨安阳眨眨眼睛，一溜烟跑了出去。

杨安阳的故事正体现了孩子从爱欺负人转变为助人为乐的过程，这其中，妈妈有着很大的功劳，正是在她的教育下，杨安阳才出现了可喜的转变。这种良好的教育方式值得我们借鉴。

但是，有的父母在教育孩子时，为了让孩子不吃亏，在孩子很小的时候，就告诉孩子："别人打你，你就打他。"、"千万不能受别人的欺负。"上幼儿园后，又告诉孩子："老师发的东西，要大的、好的。"等孩子上了小学后，甚至对孩子说："别人问你问题，千万不要告诉他，要不他就会比你强了。"

慢慢地，孩子就被父母"教育"成了自私自利的孩子。在他们眼中，没有谁比自己更重要，事事处处都要从自己的利益出发。殊不知，这种人最终会使自己走向孤立无援的地步，别人会对他敬而远之，因为有谁会愿意帮助一个自私自利的人呢？所以，让孩子不再自私、不再有暴力倾向，父母应先教孩子学会帮助他人，并且对孩子的暴力行为要给予适当的惩罚，让孩子明白强者和弱者的关系，主动放弃暴力行为和自私的想法。

文敬洋是个淘气、爱惹事的男孩子，每天出门不是和人打架了，就是把谁家的孩子给欺负了，为此，父母几乎天天都会向人赔罪、

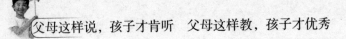

道歉。

　　"敬洋，欺负人是不对的，你知道吗？"每天文敬洋家里都会上演这么一幕"苦口婆心"的教育场景，但文敬洋就是改正不了"小霸王"的脾气。

　　一天晚上，妈妈刚准备去做晚饭，文敬洋放学回家了，他身后还跟着怒气冲冲的班主任。

　　"文敬洋又把班里同学给打了，还是三个。"班主任开门见山地说道。

　　"这……老师，真是对不起，我一定会好好管教他的。"妈妈连忙低下了头，心里想着，既然老师都上门了，看来这次的情况比较严重，难道是把三个孩子打得太严重了？这可怎么办？妈妈不安地抬起头，听老师讲起详细的情况。

　　"虽然三个孩子都住进了医院，但幸好都没大伤，不过班里的学生现在都很怕文敬洋，学校决定先让文敬洋休学在家待一段时间……"老师绷着脸看了文敬洋一眼。

　　"这个……好的，也只能先这样了。"妈妈叹口气，无精打采地把老师送了出去。回来后，妈妈忍着心中的怒火，问文敬洋："儿子，你为什么在学校里打人？"

　　"谁让他们不听我说话。"文敬洋还很有理，头一撇低声说道："不就是揍了两拳吗？老师也太大惊小怪了。"

　　"只是揍两拳？那你是不是还打算一人给一棍子？"妈妈终于忍不住，发起火来。

　　文敬洋赶紧缩了缩脖子，低着头跑回了自己房间，妈妈气得饭也不做了，从桌上拿起电话，就给文敬洋的爸爸打了个电话。

"臭小子在哪呢？"半个小时后，满头细汗、气喘吁吁的爸爸拎着公文包闯进了家门，脱下一只鞋拎在手里，就往文敬洋的房间走去，"臭小子，天天在外面闯祸，看我今天不打断你的腿。"

妈妈赶紧跑过了拦住他，一场酷刑才没有降临到文敬洋身上。不过爸爸这么生气的样子，文敬洋还是第一次看到，他真的吓得心脏都快跳出来了。

妈妈见文敬洋害怕了，就趁机说道："爸爸要打人，你是不是觉得很害怕？"

"嗯。"文敬洋轻轻地点了点头，妈妈又继续问："有没有觉得爸爸的行为是不对的？"

"这……"文敬洋迟疑了一下，怯怯地问妈妈："能打架不是一件很勇敢的行为吗？爸爸说过，这世界上只有两种人，一种是强者，一种是弱者。我想做强者，所以必须要学会打架吗？"

"但是强者的目的是保护弱者，而不是欺负他们。所以，一个真正的强者，是不屑于靠打架让别人承认他的强大的。"妈妈严肃地对他说。

文敬洋听了妈妈的话后，低下头不再说话，妈妈摸着他的头说："所以，儿子，你一定要记住，打架是不对的。"

在上面的故事中，爸爸在告诉文敬洋关于强者和弱者时，没有具体讲明两者的概念，对此文敬洋产生了错误理解，认为经常打架就是为了证明自己是强者，但妈妈的解决方法是比较不错的，她在拦住爸爸打文敬洋后迅速转换思路，利用眼前的例子向文敬洋讲述打架的坏处，从而得到了理

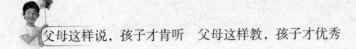

想的效果。所以，在教孩子处理问题时，有效的沟通是很重要的，父母不能跳过这一个环节，要让孩子学会在沟通中改正自己的错误。

让孩子远离黄色诱惑

在网络普及的今天，孩子接触高科技电子产品的机会越来越多，但是很多孩子正处于身心发展的时期，在这个特殊时期中，孩子很容易受到网络中的不良事物的影响，包括无法抵挡黄色诱惑，从而深陷其中，这对孩子的成长和健康都十分不利。

成长期的孩子正处于发育期中，他们会关注异性，偷偷琢磨"性"到底是什么东西。对于这个疑问，孩子对父母开不了口，对老师开不了口，只能去和同学交换这方面的知识。但相同年龄段的孩子通常对"性"的了解都很少，所以当同学间不能再满足自己在这方面对"性"的渴望后，孩子就会寻找其他的途径，而网络正好满足了他们在这方面的需求。网络的知识量很丰富，所想所要之物，应有尽有，其中也包括一些不健康的内容，如果孩子的自控能力差，很容易深陷网络的黄色诱惑中而无法自拔。

一旦发生孩子陷入了网络的黄色诱惑之中，父母应采取相应的措施，与孩子进行交流和沟通，简单粗暴的打骂是不可取的，也收不到良好的效果。

黄永才一直是个品学兼优的好孩子，在父母和老师的心目中，无论他做什么，都不可能犯错。但就是这样的他，却有一个不可告人的秘密，那就是偷看黄色网站。

其实，黄永才也不知道自己是怎么注意到这些网站的，一开始他只是比较在意班里的一个女生，于是就上网查了一些关于女孩子的内容，之后不小心进入了一个黄色页面，从此便一发不可收拾。

黄永才隐约知道这些内容是不健康的，但因为平时父母和学校从来不讲这些内容，他因为好奇心，所以就越陷越深。一有关于"两性"方面的困惑，黄永才首先想到的不是请教父母和老师，而是上网浏览这些网站。

终于有一天，爸爸发现了黄永才的这个小秘密，爸爸生气地问他："你为什么要看这些不健康的东西？你难道不知道这是不健康的吗？"

"我知道……但是……"他如实回答道。

"什么叫但是？以后不准看这些东西了。"爸爸对黄永才感到很失望，他从来没想过，这么优秀的儿子竟然会接触色情的东西。

但是黄永才忍了没两天就坚持不住了，于是趁父母不在家的时候偷偷上网，又打开了这些网站。

爸爸下班回到家，发现书房的灯亮着，儿子正神情怪异地盯着电脑屏幕时，就觉得大事不妙。走过去一看，儿子果然又在浏览色情网站。

爸爸生气地打了黄永才一巴掌，问："你怎么就改不了呢？不是不让你看这些东西吗？"

"可是……我就是忍不住嘛，我想知道男孩和女孩到底有什么不

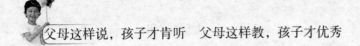

一样……"黄永才委屈地哭道。

当发现孩子经常浏览色情网络时，父母应主动把一些适合孩子年龄段的性知识教给他，在和孩子聊天的时候，适当地向孩子传授一些这方面的知识，这也是让孩子远离色情污染的最好方法。父母不应该把性知识当成禁区，让孩子什么都不要问，适当地让孩子了解性知识，不仅可以满足孩子的求知欲望，还能让孩子对自己多一份了解，变得更成熟和自信。

当孩子对性问题产生兴趣时，父母可以把简单易懂的知识教给他，并告诉他，如果有不懂的地方，可以随时找父母讨论和交流。这样一来，孩子的好奇心就得到了满足，他不再把性想象成一件神秘的事情。而且，在和父母交谈的过程中，也会拉近父母和孩子的关系，让亲情加深，让孩子更喜欢和父母交谈。

但是，现在的网络如此发达，很多孩子在浏览网页的时候，会不小心看到一些色情信息，这时候父母应该怎么办呢？以下两点可供参考。

第一，不要惊慌。当父母发现孩子无意中浏览了黄色网站，不要急于批评孩子，要了解孩子是不小心点击到的，还是有意而为之。父母在教育孩子的时候，要时刻保持对孩子的信任感。父母要相信，坏孩子并不是天生的，只是受环境影响，被"逼"出来的。这里的"环境影响"，其实也包括父母对孩子的态度。如果父母发现孩子浏览色情网页时，能心平气和地和孩子讲道理，逐渐引导他自觉抵制色情、暴力的内容，孩子在感受到来自父母的尊重和信任后，就会把自己内心的感受和困惑如实告诉父母，并配合父母抵制黄色网络的毒害。

第二，保险起见，父母可以在电脑中安装一些安全可靠的反黄软件，并逐渐把上网改变为一项家庭活动，让孩子在父母的陪伴下，健康、安全地浏览网页。

第六章　优秀的父母擅长与孩子聊家常

孩子更愿意和幽默的父母聊天

幽默是情商的重要组成部分，是一个人智慧的体现。它不仅可以愉悦心情，还能使人们之间的关系更加融洽，甚至还能化解一些矛盾，可见幽默感在人的社交活动中起着举足轻重的作用，人们通常不喜欢一个性格冷漠的人，但不会讨厌总给自己带来欢笑的人，因为富有幽默感的人总能为周围的人带来愉快的感受。同理，如果日常生活中父母缺乏幽默感，那么孩子也会受到相应的影响，变得不知情趣甚至对外界比较冷漠，从而影响到他未来的社交活动。

小点的爸爸做事很认真，是个十分严肃的人，不管是工作中还是生活中，一点幽默感也没有。身边的人和他开句玩笑都很难得到他的回应，经常有人说他："你怎么一点幽默感都没有啊！"

对此，小点的爸爸感觉很纳闷，难道不爱开玩笑是一件不好的事情吗？

"妈妈，爸爸好可怕，我都不敢和爸爸说话。"有一次，小点这样对妈妈说。

妈妈笑道："爸爸只是做事比较认真，不太喜欢开玩笑罢了，没关系的，他还是很爱你的。"

"哦。"小点似懂非懂地点了点头，但他平时还是不太愿意和爸爸亲近，就连说话都只和妈妈说。

其实，爸爸真的很爱小点，有什么好吃的好玩的，都会想着他，但自己一接近儿子，儿子就跑得远远的，这让他感到十分头疼。

"我觉得儿子有点害怕我。"爸爸对小点妈妈说。

小点妈妈笑道："不是觉得，而是真的很怕你。"

"为什么？是不是该揍他一顿？"爸爸很生气。

妈妈笑着说道："你这副样子，连我都感到害怕了，更何况是儿子。"

"我这个样子很凶吗？"

"一点幽默感也没有，动不动就生气，还总是摆出一副凶样子对待孩子，孩子不怕你才怪呢。"妈妈说。

爸爸这才知道自己平时过于严肃，一点也不风趣的形象让儿子对自己产生了"敌意"，变得越来越疏远自己了。

"这可怎么办？"爸爸十分苦恼，难道要自己现在学着改变性格吗？几十年养成的性格，并不能十分容易就转变得过来的。

于是，爸爸就向专家请教，专家说："日常生活中多和孩子沟通，先拉近亲子间的关系，再学着和孩子开一些无伤大雅的小玩笑，做一个风趣易亲近的人，这样才会受孩子欢迎的。"

按照专家介绍的方法，爸爸开始努力学习如何变得幽默、风趣。只要儿子在他身边，他就会讲一些小笑话或者俏皮话给儿子听，看儿子有什么反应，如果感兴趣，就继续讲下去，如果儿子不喜欢，他就

换一个。

一开始，小点的爸爸不习惯这种说话的方法，小点也有些不适应爸爸这样的风格。但时间一长，小点就迷上了爸爸讲的小笑话，自己也变得幽默起来。有一次，爸爸拍死了一只蚊子，小点马上就说："爸爸，这蚊子可是我养的，你打死了要赔的！"

爸爸先是一愣，明白是儿子在和他开玩笑后，叉着腰说："原来家里这些蚊子都是你养的啊，我每天都被咬得这么惨，都是你害的。我要逮住你把你喂了蚊子去。"

"哈哈哈……"小点一边跑，一边开心地笑了起来。

幽默风趣的父母更容易受到孩子的喜爱和欢迎，也更容易让孩子变得富有幽默感，这对他的身心发展和社交活动都十分有利。但是现实生活中，很多父母因为生活压力，经常板着一张脸，让孩子一见就感到可怕，从而敬而远之。但父母通常还是很想让孩子亲近自己的，这种时候，为了能让孩子不再疏离自己，父母应该学会幽默的说话方式，做一个风趣、易亲近的人。

那么，父母应该怎么做，才能算是一个风趣的人呢？

小剑最害怕和爸爸聊天了，尤其是谈论学习方面的事情时，他恨不得挖穿地球，逃到地球的另一边去。

为什么小剑会有这种想法呢？原来，小剑的爸爸说话时有个习惯性动作，那就是拍桌子。

每次爸爸一拍桌子，小剑就觉得自己的心脏也会跟着狂跳一下，就怕爸爸一个不高兴，把巴掌拍到自己身上。

因此，小剑每次看到爸爸时，总会保持一段距离。如果爸爸在厨房做饭，小剑去厨房拿东西、洗手都贴着墙边走，绝对不会主动走过去和爸爸说话。

"儿子，最近学习怎么样？"这一天，爸爸照例又来询问小剑的学习情况。

"挺好的。"小剑刚说完这句话，就撒腿跑回了自己的房间。

爸爸摸着脑门一脸疑惑："儿子为什么总躲着我？"

日常生活中，父母应多了解一些逸闻趣事，培养自己的幽默感。在和孩子说话的时候，一定要注意自己的语气和表情，千万不能把工作中的不良情绪带到家庭中，这样会对孩子造成不良影响，让孩子对父母产生恐惧心理，从而不敢和父母多说话。

父母可以和孩子一起做一些有趣的事情，以拉近亲子间的关系，让孩子发现父母原来也有"可爱"、"有趣"的地方。比如，和孩子一起玩扮小丑的游戏，比赛谁扮的小丑最能博得大家的欢笑；父母还可以和孩子一起做一些夸张有趣的动作，用照相机记录下来，之后和孩子一起观看，回忆当时的有趣场景。这些事情不但能拉近父母和孩子之间的关系，还可以让孩子了解到，原来父母并不是只会整天凶巴巴地训人，还有这么有趣的一面，从而让孩子产生亲近父母的心情，愿意同父母交流和玩耍。

别用命令式的口吻和孩子说话

有的孩子不喜欢和父母聊天，为什么呢？因为他们觉得父母在和他们谈话时总是摆出一副高高在上的姿态，没有把他们放在平等的位置上。而且，有些父母在和孩子说话的时候，动不动就用命令或申斥的口气说话，让孩子敢怒而不敢言，所以慢慢地也就不愿意再和父母多说话了。

很多人都羡慕小李有个聪明漂亮的女儿，但是只有小李自己清楚，他的这个女儿有多让人发愁。

小李经常想找女儿聊聊天，但每次都被女儿一言两语就打发了。

这次也一样，当小李问道："女儿，今天都做了什么事啊？"女儿连看都没看他，就直接说："能做什么，读书学习呗。"

"学校里就没发生点趣事？"

"爸，您真啰唆，您到底想知道些什么？难道又想骂我不会学习了？我现在正忙着学习呢，您就别来打扰我了。"

小李哑口无言。

原来，以前小李工作忙，有时候女儿来找他倾诉学习上遇到的困难时，他总是敷衍了事，实在烦了，就直接说："这么大了连书都不会读，你还会做什么事情？"

这样说了女儿几次后，女儿就再也不愿意找小李谈心了。

小李现在十分后悔，觉得自己当初就算再忙，也应该认真听听女儿的心里话，也许也就不会让他和女儿间的关系变成现在这个样子了。

在这个竞争激烈的时代，所有人都在忙。大人忙着工作挣钱，而孩子则忙着读书学习。忙来忙去，到最后却把亲子关系忙得渐渐疏远了。就像故事中的小李一样，当孩子想向他倾诉的时候，他却打击了孩子的积极性。而当他有空了，孩子已经不愿意再对他敞开心扉了。

当父母觉得和孩子谈话是一件麻烦事的时候，孩子的心理其实也在渐渐发生着变化。父母一次又一次敷衍孩子，让孩子不再把父母当成最亲近的人，心里有话自然也就不愿意同父母分享了。而当孩子不再找父母聊天的时候，父母就会觉得孩子的性格变得不再乖巧，没有以前听话了。

那么，父母到底应该怎么做，才能让孩子爱上和父母聊天说话呢？其实，孩子考虑事情的方式是很简单的，只要父母先迈出一步，把孩子放在平等的地位上，用心去听孩子心底的声音，那么孩子也就会变得愿意向父母敞开心扉了。

小铃总是对身边的朋友说："我最烦和我爸爸妈妈说话了。"

"为什么啊？"朋友问。

小铃就向朋友诉起苦来，她说："爸爸妈妈和我说话的时候，总是一副命令的口气，就好像我不是他们的孩子，而是他们的奴隶一样。"

小铃的爸爸听到了他们的谈话，就在晚上吃饭的时候问小铃："我什么时候像对待奴隶一样和你说话了？你现在吃的喝的穿的住的

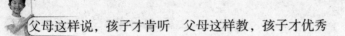

哪一样不是我提供给你的？和你说两句话，你还有意见了？"

小铃马上说："您看，您现在说话的口气不就是很不客气吗？难道我和朋友谈谈心也犯错了？我发发牢骚也不对？"

"好了，先吃饭，吃完饭和妈妈谈一谈。"妈妈劝住了生气的父女两人。

等吃过晚饭后，妈妈把小铃叫到书房，说："和妈妈谈一谈吧，你最近的学习成绩有点下降，是不是只顾着和朋友们瞎聊天而忘记学习了？你要知道，我们供你读书……"

"看看，又来了，您和爸爸一样。我最近成绩下降是因为你们总是在我学习的时候来打扰我，说我不听话，还总是命令我一定要先写数学、语文作业，再去看其他的科目。但是我比较喜欢先背历史，历史很有意思，我真的很喜欢上历史课，为什么我就不能先做历史作业呢？"

"因为……"

"反正我就是不想和你们说话，以后我努力学习就是了，别再来烦我了。"小铃丢下这句话，就回自己房间了，留下妈妈独自生着气。

父母想让孩子经常和自己交流，就要做孩子最亲密的朋友，不要用长辈的身份和孩子沟通，要把自己和孩子放在平等的位置上，才能让孩子用心和父母交流。试问，谁会和一个自己不信任、关系不亲近的人敞开心怀谈论自己的心事呢？只有当我们认可了某个人，把他当作知己时，才有可能把深藏在心底的话讲出来，孩子也是如此。

所以，父母如果想让孩子主动讲心里话，应和孩子建立起相互信任的关系，多注意自己和孩子说话时的语气和态度，不能摆出一副高高在上的姿态，最好能和孩子处在同一位置上交谈。所以说，只有平等的身份交谈，才能打开孩子的心扉，让他喜欢与你说话，愿意向你倾诉心里话。

合格父母用心听孩子的话

一些父母总是抱怨自己的孩子不听话，也许他们没有想过，可能自己也没有认真倾听过孩子的心里话。其实，孩子虽然年龄小，但他们能敏锐地判断出父母是敷衍还是认真对待自己。当孩子想向父母倾诉时，他们一个真诚的微笑、鼓励的眼神或其他不经意的小动作，都能给予孩子极大地鼓舞，更加愿意与父母分享自己的秘密。反之，如果父母在孩子说话时表现得不耐烦，还时不时地打断孩子的话，就会在孩子心里留下"爸爸妈妈对我不重视，不喜欢听我讲心里话"的印象，久而久之，孩子也就不愿意多和父母沟通聊天了。

女儿在学校遇到了一些委屈，回家后就找到了妈妈，想向妈妈诉诉苦，但妈妈一边听，一边忙着手里的工作，中间只"嗯"一两声，这让女儿觉得更委屈了。

"妈妈，你到底有没有听我说话啊？"

"有啊，我当然在听啊，不就是你们学校那点破事吗？"妈妈不耐烦地摆了摆手，说："如果你说完了，就赶紧去写作业，妈妈正忙着呢。"

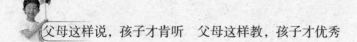

女儿一听，委屈地掉下了眼泪。

爸爸回家后发现了女儿不对劲，就问她："女儿，你怎么了？"

女儿把嘴一撇，说道："没事，反正我说的都是破事，你们爱听不听。"

这时候妈妈也走了过来，对女儿说："我让你把房间收拾干净，你到底听没听到，怎么还是这么乱？"

"没听见。"女儿扭头说道。

"你这孩子怎么越来越不听话了？"妈妈生气地说。

爸爸见状，赶紧把妈妈支走，坐在女儿身边，他先是开导了女儿一会儿，然后让女儿说出了今天发生的事情。

爸爸叹了口气说："今天的事情，确实是妈妈不对，她不应该不用心听你说话。爸爸一会儿就让妈妈来向你道歉，怎么样？"

"不用，反正也不是什么大事……"女儿说。

爸爸趁机问女儿今天在学校发生的什么事，女儿就把学校里发生的不愉快的事情说给了爸爸听。爸爸听后，发现女儿也是因为不好好听朋友说话，才和朋友发生了矛盾。

爸爸说："不管在任何时候，你都要学会倾听，哪怕对方说的话你一点也不感兴趣，但既然听了，就要拿出诚意来。这是对他人最基本的尊重和友爱。而且，当你用心去听朋友所讲的话的时候，你会发现很多关于朋友的事情，对朋友会更加了解，你们的关系也会更加亲密。你今天对朋友的态度不是和你妈妈对你的态度很相像吗？你的朋友对你生气难道不应该吗？"

女儿哑口无言，她想了想，确实和爸爸说的一样，于是惭愧地低下了头。

倾听是一门艺术，也是对他人最基本的尊重。倾听还是一个人能力和素质的体现，是人们获得成功的重要因素之一。但是，现在的孩子很少会耐心地倾听他人讲话，他们和朋友在一起时，经常为了表达自己的意见，非得要和其他人争个脸红脖子粗才行。归根结底，其实还是父母没有起到带头作用。父母平时敷衍的态度对孩子造成了不良的影响，所以他们也不愿意做一个倾听者。一个好的倾听者能赢得朋友的信赖和喜爱，更有助于孩子情商的提高，因此，父母不仅要从小培养孩子学会倾听，还要以身作则，自己用心听孩子说话，这不仅对孩子的交际有帮助，而且对他的学习和成长也很有帮助。

豆豆发现了一件有趣的事情，高兴地跑到爸爸的书房，想对爸爸说。结果爸爸正在看书，不管他讲得多么有趣，爸爸都只是"嗯"上两声，一点意见也不发表。

"爸爸，你到底要不要听我讲啊。"豆豆不高兴地噘起了嘴。

爸爸一边翻着书页，一边回答道："听啊，我现在不是正在听吗，你说家里有蚂蚁。"

"对，爸爸你知不知道，那些蚂蚁……"豆豆又兴奋地讲了起来，"爸爸，你说这是为什么呢？"

"啊？什么为什么？"

"爸爸你根本没有听我说话。"豆豆伤心地说道，"我以后再也不和爸爸说话了。"

爸爸本来以为豆豆是开玩笑的，结果之后的两天，豆豆果然不再和他说一句话，而且他在和豆豆说话的时候，豆豆也是爱搭不理，根本不听。

　　"你怎么越来越不听话了，我让你看书学习，你非要在这里玩，是不是想挨打了？"爸爸生气地说。

　　豆豆扭开脸，小声说："打就打，反正您也不听我说话，我干吗要听您的话。"

　　"你这孩子！"爸爸气得真想揍豆豆一顿，但妈妈及时拦住了他，对他说："这件事，确实是你的错，孩子在和你说话的时候，你为什么不认真听？"

　　"我在忙着看书啊！"

　　"看书重要还是孩子和你说话重要？"妈妈又问。

　　"两个都重要。"爸爸不好意思地笑了笑。

　　"真是个书痴，以后儿子再和你说话的时候，你必须放下手里的事情认真听儿子讲话，要不然，我也不和你说话了。"妈妈说道。

　　"还是妈妈好。"豆豆高兴地笑了起来，这场家庭危机终于算是解除了。

　　从那以后，豆豆再找爸爸聊天的时候，爸爸总是会把手里的书放到一边，先听儿子讲完，发表完意见待儿子满意后，再继续自己的事情。

　　豆豆和爸爸的故事说明，当孩子讲一些事情的时候，父母最好能把手中的工作放下来，专心听孩子讲话。这既是父母对孩子的尊重，也是以身作则做一个好听众的体现，孩子才更愿意学着做一个合格的倾听者。

　　另外，在生活中，父母和孩子谈话时态度要和蔼。在听孩子讲话时，要尽量保持微笑，还要告诉孩子，一个合格的倾听者应以微笑作为鼓励，这样对方才愿意把心里话讲出来。即使有不同的意见时，也不要轻易打断对方的谈话，要有耐心，等到对方把话说完，再发表自己的意见。

好方式、好时机让亲子交流更顺畅

美国著名教育专家伯顿·怀特曾说过："语言是发展智力和社交能力的核心因素。"也就是说，人和人之间的感情交流很大程度上来自于语言，也就是谈心。

谈心是人与人进行思想交流、感情沟通的重要方式，父母在教育孩子的时候，也要经常使用谈心的方式。怎么才能让孩子说出心里话呢？这就需要父母利用恰当的时机和孩子谈谈心了。需要注意的是，如果父母用错了谈话的方法，孩子是不愿意吐露心里话的。

小美最近在学校遇到了一点烦心事，她和好朋友因为一些事情闹起了矛盾，这让她感到很难受。小美想找人谈谈心，想知道该如何与好朋友和好如初。

但是，小美和朋友吵架的事情不知道怎么传到父母耳朵里的。这一天，小美刚回到家，妈妈就把她叫住了，而这时候她正想回到自己的房间去复习功课，因为明天还有一场测验，她不想考个差成绩。

但妈妈却不管这些，很直接地问小美："听说你和朋友吵架了？为什么不赶快和好呢？"

小美十分无语。如果她知道怎么和好，还用得着发愁吗？

"妈妈，我也不知道怎么和她和好。"小美说，"这件事以后再说吧，我先回房间写作业了。"

"怎么能以后再说呢？坐过来，和妈妈谈谈心。"小美的妈妈认为终于找到了和女儿谈心的机会，不管三七二十一，一把把小美拉到了身边，"和妈妈说一说，你们为什么吵架？"

"可我现在真的很忙，我想去复习功课。"小美皱着眉头说道。

"但是你不是一直在为这件事发愁吗？妈妈也是想帮助你，难道你都不想和妈妈谈谈心吗？"

"不想，一点也不想。"小美违心地说道。

其实，她刚和朋友吵架的时候，就想找父母聊一聊了，只是当时没有机会。小美也很高兴妈妈能够关心她，但她现在只想去复习功课，吵架的事情，以后再说。

妈妈对小美这种态度十分不满意，一整晚都抱怨个不停，埋怨小美不懂事、不听话。

小美听后，彻底打消了和妈妈谈心的念头。

"这哪是谈心，这简直就像是'逼供'嘛。"小美心想。

如果父母能正确掌握谈心的技巧和方法，就可以通过与孩子交谈，及时了解孩子的思想动态，帮助孩子学会正确处理生活中遇到的问题了。

但是什么才算是正确的谈心方法呢？从上述故事中我们可以看出，父母在和孩子谈心时，一定要找对时机，不能一上来就直奔主题，这不仅会让孩子感到紧张，还会引起孩子的反感。当找到了合适的机会后，父母要引导孩子把自己的心里话说出来，如果孩子不愿意说，父母不要强迫，当孩子把自己的问题告诉父母时，父母一定要及时给予反馈，给孩子提一些建议或者意见。比如，拿身边的其他例子来教育孩子，或者父母可以谈论自己小时候的类似经历，让孩子放开心结，不仅愿意和父母讨论，还愿意听父母的建议。

通过谈心，父母不仅要把孩子的心结打开，还要让他知道父母是愿意和他分担困难的，同时，父母要注意让孩子在轻松愉快的气氛下和自己沟通交流。

小亮在学校和同学玩耍的时候，失手打碎了学校的玻璃，他忐忑不安地回到家，想向爸爸询问应该怎么办。

回到家后，爸爸不在家，妈妈见小亮有心事，就想找他谈谈心，于是便询问了起来。

小亮把打破学校玻璃的事情讲给了妈妈，妈妈听后却十分生气地骂起了他："你怎么天天闯祸？还能怎么办，赔呗。"

小亮被妈妈吓到了，他缩了缩脖子，心里忐忑不安，本来就担心爸爸妈妈会骂他，结果看来，还是挨训了，早知道是这样，自己就不向妈妈坦白了。

父母在和孩子谈话时，要制造轻松融洽的氛围。有些父母平时和孩子思想交流很少，一旦孩子出了问题，就会对孩子进行严厉的批评，甚至训斥和打骂孩子，久而久之，孩子就会和父母产生心理隔阂，使亲子感情渐渐疏离。因此，当父母想和孩子谈心时，就要制造一个和谐、友爱的谈话气氛，这样讨论问题的效果会好很多。

在和孩子谈心时，父母也要鼓励孩子多发表谈话，让孩子体会到自己是被尊重的，父母确实在用心帮助他。对于不同性格的孩子，父母要有不同的教育方式沟通。比如，在与性格活泼的孩子谈心时，可以稍微直接地向孩子发问；如果孩子比较叛逆，父母可以先借用身边的事例给孩子讲解，慢慢引导孩子说出心里话。

总之，父母在和孩子谈心时，应注意自己的态度，在合适的时机，温和地与孩子一起分析问题，寻找解决的方法，同时不能啰里啰唆，唠叨个没完没了，这样只会适得其反，引起孩子的腻烦。

召开家庭会议，给孩子一个发言的机会

有时候，孩子很爱说话，但总讲不到重点，表达能力比较差，时间长了，会对其人际交往及健康心理的形成产生很大的负面影响。

小勇虽然名字里有个"勇"字，但一在别人面前说话，就会变得结结巴巴，为此，朋友们都给他取了个外号叫"小结巴"。

小勇的父母为此很发愁，因为他经常不会很好地表达自己的想法和情感，有时父母主动和他交流，他也表现得很拘谨，好像在接受审讯一样，紧张又不安。

这一天，小勇出门和小伙伴们玩，小伙伴一见他来就喊道："小结巴，今天吃什么饭了？"

"妈妈做的。"小勇回答道。

"做的什么啊？"

"做的饭啊。"

"做的什么饭啊？"

"吃的饭呗。"

"你……唉，算了，跟你说话真累。"小伙伴十分无语地跑开了。

从那以后，大家都知道小结巴不仅说话会结巴，还听不懂"人话"，更有了取笑他的理由。

在家里，面对父母时，小勇也很少主动地说话。经常是爸爸妈妈问一句，他才回答一句。如果爸爸妈妈不发问，他就一直低头做自己的事情，而且表达能力一直很差。

从这个故事中我们可以看出，有的孩子比较害怕与人打交道，在人际交往中常常处于被动地位，就算和熟知的人交谈都会感觉紧张，比如说话时口齿不清，不敢抬头看对方。如果这种心理障碍长期得不到解决，将对孩子的成长十分不利。所以，如果父母发现孩子的表达能力较差，不愿坦露自己的真实想法与情感时，就应设法引导他敞开心扉，让他逐渐学会表达自己的想法，大胆、自信地与人交往。

那么，怎么培养孩子的表达能力呢？这里有一个很好的方法——开家庭会议。参加会议的人有家里的长辈和孩子，会议内容主要是和孩子谈论与生活密切相关的话题。这样才能引起孩子的共鸣，让孩子有话可说。让我们接下来再看看发生在小勇身上的事。

为了让小勇变得敢和人交往，爸爸妈妈想了很多种方法，但效果都不太好。

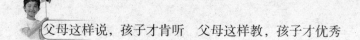

　　这一天，小勇的爸爸听同事说，他们家会定期开家庭会议，对近期家庭里发生的大事和长远规划、自己在日常生活中的一些感受发表看法，或者提出自己的意见和建议。而且每次会议前，同事都会和孩子进行沟通，讨论一下具体的话题。当话题确定下来后，就会把这个话题当成这次家庭会议的主题。开会时，一家人坐在一起，认真探讨关于这个话题的内容，以达到增进了解、改正缺点、促进家庭和谐的目的。

　　同事说："我们家的家庭会议已经开了两年了，以前我的儿子也不爱说话，但是现在一开会，他就抢着发言，对家里的事情也有了很强的参与意识。"

　　听了同事的话，小勇的爸爸陷入了思考之中，回家后，他把这件事向妻子说明了一下，也决定开一次家庭会议，试试效果。

　　当天晚上，爸爸就把这个消息告诉了小勇。

　　爸爸说："儿子，明天咱们家要开一次家庭会议，主题就是对家庭成员和日常生活发表看法。"

　　小勇听后愣了一下，但他还是点了点头。

　　第二天吃完晚饭后，小勇家的家庭会议按时举行。

　　爸爸先发了言，把这次会议要讨论的议题的内容向家庭成员做了简单的介绍，然后就宣布会议正式开始。

　　"我先来说一下小勇妈妈的缺点。"爸爸首先说，"做饭太咸，而且量很大。有时候我们根本吃不完，都白白浪费了，对吧，儿子？"

　　小勇点了点头。

　　"儿子，该你说了，你也可以谈谈妈妈都有什么缺点？"爸爸鼓励道。

"嗯……"小勇想了想，小声说道，"爱批评人……"

"你可以具体说说。"爸爸鼓励小勇继续说下去。

小勇鼓起勇气，大胆地说道："妈妈总是喜欢批评我，说我嘴笨。"

"哦，原来如此，那必须得让妈妈改，我们家小勇哪里嘴笨了。"

"好，我改，有什么缺点你们全都说出来，我全改。"妈妈见儿子终于肯发言了，也十分配合爸爸的话，鼓励儿子继续"挑毛病"。之后，三个人又轮流对日常生活中的其他一些事情发表了看法，并提出了相关的建议。

就这样，这次的会议开得十分成功，小勇的表现也让父母十分满意，他们想，如果这样的会议继续开下去，不怕儿子改不了不善言辞的毛病。

从上面的故事中可以看出，时常召开家庭会议对改变孩子的内向性格、提高孩子的表达能力都有很大的作用。会议中，父母要多鼓励孩子发表自己的意见，不要让孩子担心会说错话，当孩子的表达中出现错误时，父母也不要马上指责孩子，而是要耐心地等他说完，再发表自己的意见。

另外，父母还要多鼓励孩子走出家门，主动结交朋友。孩子不善言辞和性格有很大的关系，但孩子的性格是可以改变的，如果父母多鼓励孩子主动结交其他朋友，和朋友一起参加活动，多让他接触性格开朗、活泼的朋友，他也会受到影响，变得逐渐开朗、活泼起来。

孩子在成长过程中会受到父母的影响。善于与人交流的孩子，其父母

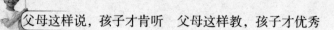

也多是交际能手，不善言辞的孩子，其父母也多沉默寡言。因此，为了培养孩子的表达能力和社交能力，父母应让自己也变得善于交际。另外，在和孩子交流时，父母要保持开朗乐观的态度，而尽量不要给孩子增加心理压力，以免打击孩子表达内心想法的积极性。

下篇

父母这样教，孩子才优秀

第一章 关爱孩子，
让他在快乐的氛围中健康成长

爱孩子就要为他营造一个快乐的生活氛围

世上没有不爱孩子的父母。既然爱孩子，就要为孩子营造一个快乐的童年，为孩子创造一个幸福的未来。营造一个快乐的童年，父母最需要做的就是多花时间陪陪孩子，多和孩子进行沟通，如与孩子一起玩游戏、看电影、讲故事，和孩子聊家庭、聊生活、聊社会，从而充分地感受到来自父母亲无微不至的关爱，感受到温馨、和谐的家庭氛围，让孩子快乐成长。为孩子创造一个幸福的未来，父母要做的不仅仅是开发孩子的智力、关心孩子的成绩，最重要的是培养孩子的性格，教会孩子如何与人相处，如何立足于社会。如父母应该培养孩子自尊、善良、感恩、自立、责任、担当、宽容、分享、自强等的性格特点，让孩子成为一个情感健康的人，成为一个无论走到哪里都受人欢迎和喜爱的人。

纵观世界，很多知名及成功人士在教育孩子方面取得很好的效果，值得我们借鉴。如比尔·盖茨、洛克菲勒、山姆·沃尔顿、李嘉诚等，他们都是为了让孩子将来更好地适应社会，为了培养孩子独立、自主、责任、节俭的品质而营造出一个良好的氛围。所以，真正懂得爱孩子的人，不是把孩子含在嘴里或是捧在手心里，而是给予给孩子充分的自由、民主和尊重，让孩子快乐地成长，同时敢于放手让孩子自己去闯。

　　在德国，很多孩子从小就受到父母的尊重。一天，朵奇放学回家时显出一副忧心冲冲的样子，母亲看到了便问道："为什么不高兴啊？发生了什么事情？"

　　朵奇愁眉苦脸地说："班上来了个中国女孩，我好喜欢她呀！可是当我跟她说话时，本以为她会很高兴，可她却跑开了。"

　　"中国女孩子大多比较内向，她肯定是不好意思了！"妈妈笑着说。

　　朵奇依然不解地看着妈妈，"要是我跟其他德国女孩子说同样的话，她们一定很高兴的。"

　　"这就是国情差异吧！你应该充分尊重他人。"妈妈和蔼地说。

　　"我知道了，但我依然很喜欢她。妈妈，将来我想娶她行吗？"朵奇认真地问。

　　"好啊！只要你喜欢的姑娘，妈妈都赞同。可是想娶她，你应该要有自己的收入，还应该有房子给她住吧？可你现在连玩具都是妈妈给你买的。"

　　"妈妈，我知道了，我好好学习，将来等我长大了就能挣大钱，到时候就能娶她了。"朵奇边说边掏出自己的作业，认认真真地写了起来。

　　年龄尚小的朵奇跟妈妈说要娶同学，妈妈不仅没有责骂，反而是通过了解他的想法，引导孩子好好学习的道路，这充分体现了一个母亲对孩子的尊重。因此，爱孩子就应该充分尊重孩子的意愿，把孩子当作一个独立的个体而不是自己的附属品，这样才能培养起孩子的责任感和主人翁精神，才能让孩子在民主、自由的气氛中健康快乐地成长。

爱是成功家教的前提，只有掌握好爱的观念和方法，爱到点子上，爱到孩子的心坎里，孩子才能充分感受到父母的爱，否则，终究会变成对孩子的一种伤害。

把爱的信息传递给孩子

在传播学中，我们不仅要看传播者发出的信息，还要是看接受者对信息的接收和反馈情况。父母爱孩子其实也是双向的问题，要做到这一点，就必须发出使孩子可以感受得到的"爱的信息"，只有这样的爱，才能对孩子有实质性的帮助，才能让孩子感到快乐和幸福。

"二战"结束后，美国一对夫妇接到了儿子从军营里的电话。电话中，父母喜极而泣，盼望儿子能早日回家。

"爸爸妈妈，我会早日回家，可是有一件事想和你们商量。"儿子的内心有些忐忑不安。

"你说吧，孩子，我们尽量满足你的要求。"父母承诺道。

"我想要带一个士兵回家，他是我的好伙伴。"儿子试探着说。

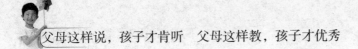

"可以呀，带朋友来给我们看看，大家一起热闹热闹。"父母高兴地说。

"但是，这个士兵少了一只胳膊和两条腿，我希望你们能够接受他，并且从此之后让他和我们生活在一起，这行吗？"孩子的嗓音有些颤抖。

年迈的父母有些犹豫，他们沉默了一阵，最后还是坚决地对儿子说："儿子，你回到我们身边不容易，我们不想让一个残疾人来打扰咱们的安宁生活，打扰咱们共享天伦之乐。"

儿子听了父母的话没有再说什么，默默地放下了听筒。

几天之后，这对老夫妇接到了电话，说他们的儿子自杀了。老夫妇焦急地赶到了医院，掀开白布的那一刻他们惊呆了，儿子少了一条胳膊两条腿，原来儿子当晚说的那个残疾人正是自己啊！他的手臂上还系着一根蓝丝带，上面写着："亲爱的爸爸妈妈，我爱你们，所以我选择了离开，不去打扰你们幸福的生活。"

我们看到这则故事之后常常会试想，如果孩子没有自杀，而是告诉父母实情，父母会抛弃他吗？父母会为了自己晚年的幸福而不养儿子吗？显然是不会的。孩子是父母最大的财富，无论他们是贫穷与富有、疾病与健康，父母从来都不会嫌弃孩子，都会站在孩子的身边支持和鼓励孩子。可故事中儿子之所以选择了自杀，一方面是因为自己不想拖累父母，而另一方面也显示出沟通中存在着不可弥补的问题，父母没有向孩子传达无论如何父母都永远爱他尊重他的意见或者包容的信息，才造成了那一刻悲惨的局面。

因此，父母爱孩子，一定要善于表达。特别是中国父母，往往会比较含蓄，越是对自己亲近的人，越是不善于表达情感。这就要求父母要突破传统含蓄的表达方式，要多向国外优秀的父母学习。父母还应该常常告诉孩子自己的真实想法，使孩子更理解父母，对父母的爱有所回应。

当然，每个人表达爱的方式都不同，有的人喜欢大声说出来，告诉对方自己的爱；有的人喜欢默默地做事情，让对方体会自己的爱；有些人喜欢用身体接触表达爱，或是拍拍肩膀，或是拥抱一下等；有的人喜欢用陪伴来表达爱，认为大家在一起才能表示互相的好感；有的人则喜欢用礼物的方式表达爱，通过互送礼物来传递思念和爱意。不同的人有不同的表达方式，只要对于孩子适用就行。

"妈妈，今天是我的生日，您一定给我准备生日礼物了吧！"儿子早晨一起床便兴奋地跑向客厅问妈妈。

正在煮咖啡的母亲心情不怎么好，今天一早起来她就诸事不顺，还接到了一份信用卡透支的账单，她本想等煮完咖啡再去为孩子准备生日礼物，可没想到孩子这么早就起床了。

"妈妈的礼物过会儿才能给你，你现在先去洗脸。"妈妈说道。

"不行不行，我现在就要。今天我是寿星，我说了算。"儿子调皮地缠着妈妈。

妈妈见掩饰不过，于是实话实说道，"妈妈想送给你一份你喜欢的礼物，待会儿吃完早饭带你到商店里去选好不好？"

"啊？"儿子失望地坐到了椅子上，"您什么都没给我准备！"

"妈妈这几天实在太忙，而且信用卡……"

儿子没等妈妈说完就转身往楼上走去，他觉得很委屈，他清楚地

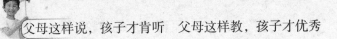

记着爸爸妈妈的生日，还为爸爸妈妈分别制作了礼物，可轮到自己生日，爸爸出差没有回家，妈妈连礼物都忘了，真是太失望了。

故事中，孩子喜欢用礼物来表达对父母的爱，在他的心中，如果父母爱自己，也一定会为自己准备礼物，可父母都没有给她准备礼物，这就让他大失所望，产生了父母不爱他的情感，于是伤心不止。

所以，在平时生活中，父母要让孩子真正体会到爱，比如为孩子制造一些浪漫的小情调，生日时为孩子准备一份礼物，给孩子折一些纸鹤挂在房间，或是还孩子买几本书等，这些方式都可以很好地向孩子表达自己的爱意。

让快乐伴随孩子的成长

世上最难得到的，同时也最容易得到的东西，就是快乐。快乐是幸福的源泉，是孩子健康成长、良好性格养成的催化剂。不少父母都认为自己给予了孩子足够的快乐，让他们可以在自己的世界里快乐成长。然而，父母眼中的快乐对孩子来说是真正的快乐吗？在父母看来，孩子成绩进步，能和同龄人玩耍就是快乐的、无忧无虑的，可对于孩子来说却并非如此，不想去补习班、不想写作业、和同学关系出现问题等，都会引起他们的烦恼，阻挡他们的快乐。

其实快乐很简单，孩子成长的每个阶段都充满的大量的快乐元素，父母只要给孩子充分的自由，让他们做适合年龄阶段的事，孩子就能快乐。快乐是孩子幸福的源泉，只要孩子感受到了生活中的幸福，那么孩子就是快乐的。

曾有记者在郑州市三所小学进行了调查，调查的结果显示，大多数孩子面对自己成长快乐与否时均回答"我不快乐"。

11岁的洋洋对记者抱怨道："为什么我要做作业？为什么我不能想玩就玩？我恨死作业了！"发完牢骚，洋洋狠狠地把作业本甩到桌子上。

洋洋是一家私立小学五年级的学生，家境不错的他一提起作业，就有倒不完的苦水。对此，他向记者继续抱怨道：

"我每天早上六点半起床上学，七点四十必须到校上早自习；八点十分正式上课，上午四节课，下午四节课，中午和晚上老师还要布置作业。语文、数学、英语每一样都得写半天，还经常发好多卷子，要求我们一天就得做一张，根本就没有玩的时间！偶尔中午没留作业，妈妈就让我练钢琴、背古诗，我都快受不了了！本来想着到周末能有时间玩玩了吧，妈妈又给我报了舞蹈班和绘画班，两个班上下来又要一天，剩下的一天还要继续写作业。"

洋洋表情沮丧，不满地说："我现在最大的愿望就是能痛痛快快地玩一天！"

而当记者了解一个中学生的作息时更是大吃一惊。

"从上初中那天起，我就再没睡过懒觉，每天都要学习到晚上十一二点。"谈起对三年初中生活的感受，郑州市某中学初三学生林旭只剩下牢骚。

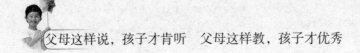

"虽然现在学校改革，不要求上早晚自习，但老师还要在早上的第一节课检查背诵，所以还是要每天早上六点起床背单词和古文。七点半到学校准备上课，上、下午各四节课，晚上七点到八点做上午留的作业，八点以后还要写下午留的作业，不知不觉就到半夜了。"林旭轻描淡写地描述着自己一天的生活。"快中考了，班里的同学都这样。"

据记者了解，郑州的初三孩子大多和林旭有着同样的作息时间，每周只有半天能休息，寒暑假也被各种辅导班填满。即将到来的中考犹如永不停息的闹钟，催促着他们继续向前，不能休息。

面对如此的生活节奏，孩子还能快乐得起来吗？快乐的起码保证是要有充足的休息和玩乐的时间。调查中的孩子们别说玩乐时间，连休息时间都无法保障。在这种环境下，父母最应该做的就是给孩子释压，为孩子营造一个宽松融洽的生活氛围，给孩子充分的自由、民主，尊重孩子的个性和选择，不强迫孩子做他不愿做的事情，同时教孩子以乐观的态度去应对压力，让孩子感受到来自家庭的无条件的支持与无尽的爱。

为了帮助孩子释放压力，父母可以让孩子饲养某种小动物，如小狗、小猫、兔子等来为生活增添一份乐趣。人类天生对小动物有怜爱之心，动物带给孩子的欢乐是我们无法想象的，如果孩子喜欢动物，父母就可以买来给孩子作为宠物，让宠物的朝气与活力感染孩子，缓解孩子压抑的心情。

让孩子吃得开心，睡得舒心也能增加孩子的幸福指数。吃喝睡是人类最基本的需求，调查显示，人们饮食不良或是睡眠不足都会大大降低自身幸福感。所以，为了让孩子快乐成长，父母要尽量为孩子提供可口的饭菜，给孩子提供一个安静的休息环境，这样孩子的快乐就能成倍增长。

运动也能带给孩子不一样的快乐。运动是良好的释压方式，也有助于孩子的身体健康和心理健康。体育锻炼本身就十分有趣，如跑、跳、游泳等，可以让孩子多多参加体育运动，感受运动的快乐。

此外，兴趣爱好也是孩子的快乐源泉，当孩子全身心地投入自己感兴趣的事情上时，即使充满挑战、困难重重，也会给孩子带来很大的快乐。平时生活中，父母要注意培养孩子的兴趣爱好，这样孩子就可以做自己喜欢的事情，孩子的快乐指数、幸福指数也都会因此而升高。

奥托·海因里希·瓦勃格是一位伟大的科学家，也是诺贝尔奖的获得者，他的父亲是德国著名的实验物理学家。在瓦勃格小的时候，父亲对他没有任何特殊的要求，也从来不对他说"你要努力学习，将来做一个科学家"之类的话，更不会规定他能做什么，不能做什么。父亲给予了孩子充分的自由和兴趣选择的空间，仅仅给他讲了一些科学家如何发愤学习的励志故事。

那时，经常有一些知名的学者和教授造访瓦勃格的家，在他们商讨有关科学问题时，父亲总是非常自然地让小瓦勃格来听他们的交谈。客人走后，父亲就凑到小瓦勃格身边，倾听孩子的看法，并与他展开讨论。父亲总是十分认真地倾听小瓦勃格的感受与体会，耐心地和孩子交流，并不时地表扬和赞赏孩子的想法。

慢慢地，小瓦勃格喜欢上了科学，感受到了科学给他带来的快乐，也将更多的精力投到了科学方面。中学时期，瓦勃格的成绩一直名列前茅，这也为他日后成为伟大的科学家奠定了良好的

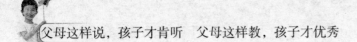

基础。就这样，瓦勃格儿时的快乐成了他一生为之奋斗的幸福源泉。

有人说过："真正的幸福，双目难见，它存在于不可见的事物之中。"确实如此，快乐是幸福的源泉，是通往幸福的单行道。让每一个孩子感受到快乐，并拥有幸福的童年，是每一个家庭乃至整个社会的职责所在。

在陪伴中和孩子一起"玩转"人生

遥想童年，我们一定可以回忆起许多快乐玩耍的细节：折纸、丢沙包、捉迷藏、摔泥巴，等等，都是我们曾经喜爱的游戏，在这些游戏中，我们不仅得到了快乐、提高了智慧，还结交了许多伙伴。可是现如今，孩子们都住在高楼大厦中，大家常常都门户紧闭，更别说各家的小孩聚到一起玩儿了。所以，物质生活日益丰富的孩子，精神上却越来越孤单，这就需要父母更多的陪伴。

孩子小时候，父母常常是孩子最好的玩伴，陪孩子做游戏、做运动，教孩子识字，等等，孩子与父母的沟通也比较频繁，家庭关系十分融洽。可当孩子上了小学、中学后，父母就常常忽略了陪伴孩子成长的重要性，普遍认为孩子在学校有同学一起玩儿，回来就不需要父母陪着玩儿了，其实不然，无论孩子多大，父母都应该是孩子最好的玩伴。

"爸爸，您别看电视了，陪我下象棋吧！"刚学会了一点象棋的茂茂，总是缠着爸爸和他玩儿。

"又要下象棋？你的作业写完了吗？"爸爸严肃地问。

"写完了，饭前就写完了呢。"茂茂一边在棋盘上摆放棋子一边说。

"那就不能复习一下旧课？预习新课也行啊！你怎么天天就想着玩儿啊？每天放学也不赶紧回家，总是在学校玩儿够了才回来。"爸爸板着面孔，冷冷地说道。

"我参加了学校的课外活动小组，不是去玩儿了。"茂茂委屈地反驳道。

"那你们课外活动都干什么？"

"有时候画画，有时候做游戏，有时候下棋。"

"闹了半天还是玩儿呀！"爸爸有些生气地说道。

"爸爸，您就陪我下一盘棋吧！"茂茂央求道，"妈妈说她不会，我只能找您跟我下。"

"你的水平太次，练练再来跟我下吧。"爸爸站了起来，说道，"爸爸还有事，你自己玩儿吧。"

茂茂看着爸爸离去的背影，失望极了。

现如今，许多父母都会因为工作忙碌、家庭事业压力大等，无心和孩子一起玩耍，他们回到家中往往会嫌孩子闹腾，对孩子讲述的事情也没有兴趣，总是让孩子自己去玩儿。殊不知，少了父母陪伴的孩子，即使有再多的玩具、再好玩儿的游戏，往往也提不起精神。

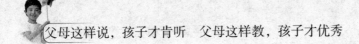
父母这样说，孩子才肯听　父母这样教，孩子才优秀

　　其实孩子要得并不多，他们需要的只是父母的陪伴。父母不仅是孩子最好的老师，还应该是孩子最好的玩伴。在平时生活中，父母如果能多抽出些时间来陪陪孩子，和孩子一起读书、看报，一起讨论、逛街，一起做游戏、做运动，一起去旅游等，都能让孩子得到极大的满足。在陪孩子玩耍的过程中，父母最好能有意识地去开发孩子的潜能、打开孩子的视野、扩展孩子的知识面，这样不仅有助于家庭成员之间的感情增进，还为孩子兴趣爱好的广泛选择提供了最广阔的平台。

　　德国文学家歌德是个独生子，在歌德小时候，父母对他的教育一直十分用心。当年，父亲常常拉着歌德到田间漫步、到公园里游玩，每次外出游玩，歌德都收获颇丰，因为父亲不仅会给他讲各种自然知识，还会教他唱许多通俗易懂的民间歌谣。

　　母亲对歌德的教育也不亚于父亲。她每天都会给歌德讲故事，从各种寓言故事到圣经传奇，妈妈都以自己独特的方式给歌德讲，而且她从来不会一次性地将完整的故事呈献给孩子，总是在一些关键时刻戛然而止，给歌德一个思考、回味的时间，让他去联想情节的发展，推测结局。

　　父母出色的家庭教育，使歌德在文学、音乐、绘画等方面都受到了良好的熏陶，并最终著成了《浮士德》等世界名著。

　　歌德的成功与父母的良好教育是无法分开的，父母爱孩子最重要的是学会应该如何去爱，做孩子最好的玩伴、在和孩子的玩耍中了解孩子并培养孩子，就是非常明智的选择。要做孩子最好的玩伴，父母要注意放下架子，真正以朋友的身份对待孩子。只有真正做到平等和尊重，孩子才能充分释放自己的天性，把父母看作无话不谈的好朋友。这样，我们才能更好地了解孩子。

居里夫人一生致力于繁重的科研工作，但她却也从来没有放松过对于孩子的教育。从孩子小时候开始，居里夫人就常常带着孩子广泛接触人群、接触动物、接触大自然。孩子长大一点后，她开始带着孩子进行带有艺术色彩的"智力体操"，也就是亲自教孩子儿歌、童话等。随着年龄的增长，居里夫人不断变换着自己的教育内容，开始和孩子一起种花、植树、弹琴、做手工……这些"智力体操"让孩子增长了见识、培养了各种能力，同时也增进了亲子之间的感情，使孩子养成了自信、乐观的性格。

爱孩子就要给孩子最好的教育。许多时候，金钱、玩具和保姆并不能代替父母的角色，对孩子的关爱程度也不能用消费的水平来衡量。曾经有报道称，六一儿童节，九成以上的孩子表示最希望收到的礼物其实是和父母一起出行。因此，没有父母陪伴的孩子即使物质再丰富，也弥补不了精神的创伤。父母在孩子生活中的缺席既是遗憾又是失误，毕竟孩子的成长是不可重复的，作为父母，我们应该用行动的关爱代替思想的关爱，给孩子一个温馨、浪漫的童年，让孩子在父母的陪伴中快乐成长。

给孩子一个温馨幸福的家

温馨和睦的家庭，是孩子一生幸福、快乐的起点。家庭生活的点点滴滴对孩子产生的影响复杂而深刻，毫不夸张地说，家庭氛围直接决定着孩子的成长和未来。家庭成员之间彼此宽容、相互关爱，家庭氛围往往就宽松、自由和民主，这不仅有助于孩子将更多的精力投入到学习之中，更为重要的是培养了孩子阳光、自信、宽容的性格。相反，家庭成员之间冷言少语、冲突不断，家庭氛围就会冷漠、阴暗和压抑，在这种氛围下成长起来的孩子则往往消极、敏感、脆弱、情绪化，这样的孩子如果不加以及时引导、教育，恐怕终其一生都走不出自己心中的阴霾。

"小童，最近学习成绩怎么样？"吃饭时，一向不怎么在饭桌上说话的爸爸突然问道。

"还行。"小童用余光偷偷瞄了一眼严肃的爸爸之后挤出了这两个字。

"什么叫还行？好就是好，不好就是不好。"爸爸有些生气地说道，"最近一次考试，数学考了多少分？"

小童正要送入嘴中的筷子骤然停了下来，头也不敢抬说道："46分。"

爸爸听了，顿时火冒三丈："怎么就考这么点？我在外边拼死拼活赚钱供你上学，还给你报各种辅导班，你怎么这么没出息！"

"也不怪你爸生气，你看光家教就换了好几个了。为了你的学习，家里天天花钱，你一点都不知道心疼！不光数学，我看这次语文、英语也没什么提高。"一旁的妈妈也火上浇油。

小童轻轻地抽噎起来。

"哭，就知道哭！男子汉大丈夫，你就这点能耐！"说着，爸爸用手重重地拍了好几下桌面。

"哇！"小童吓得大声哭了出来，眼泪也喷涌而出。

爸爸看到小童这副样子，更加气不打一处来，怒吼道："去！到墙角站着面壁思过！想想怎么能提高成绩，什么时候想清楚了什么时候吃饭。告诉你，下次成绩再没进步，看我不揍死你！"

爸爸平时工作繁忙，在外辛苦劳累，晚饭期间，本来应该是举家团圆、共享天伦的时刻，可是一顿饭却吃成了这副样子。很多父母平时没时间陪伴孩子，一旦有了时间，第一件事就是问孩子的学习成绩，这让很多孩子很是苦恼，甚至养成了"恐惧症"，一旦问及成绩，父母不满意的话，轻则厉声训斥，重则动手打骂。

孩子成绩不好是由很多原因造成的，其中家庭环境恶劣是因素之一。父母在家中抽烟喝酒打麻将，孩子自然不能全神贯注地学习；父母双方拌嘴吵架，孩子也会被巨大的恐惧包围而无心学习；即使家庭环境表面看似波澜不惊，但家庭情感冷漠、淡薄或压抑、沉闷，孩子也不可能轻松快乐地投入学习。近年来，由于学习成绩不好而招致父母的打骂，导致性格抑郁、乖僻甚至产生心理疾病的孩子越来越多。据相关部门统计，成员关系紧张的家庭中，孩子的犯罪率是健康家庭的4倍。

　　父母都以为孩子还小，很多事情不懂，一时气急打骂孩子，过后孩子也会逐渐淡忘，事实并非如此。心理学家弗洛伊德曾经说过："人的童年经历虽然会随着时间流逝而逐渐淡忘，甚至在意识层中消逝，但很多印象深刻的记忆仍将顽固地保存在潜意识中，对人的一生产生持久的影响。"可见，父母教育孩子的方式、夫妻关系、家庭情感等影响家庭氛围的因素对于孩子的成长是十分重要的。为人父母意味着一份沉甸甸的责任，要想使孩子快乐成长，在这些方面，父母必须注意良好家庭情感氛围的培养，只有这样，才能让孩子在一个安全、舒适、友爱、和谐的氛围中快乐地成长。如何做到这一点呢？以下三个方面可供参考。

　　第一，父母要明确自己在家庭关系中的角色、身份。心理学认为，良好的家庭关系应该是一个等腰三角形，父亲、母亲、孩子各占一个角，而且父亲和母亲在孩子心中的分量应该是相等的。也就是说，作为父亲，无论工作多忙，都应该想方设法多与孩子相处，而不能只把赚钱当作自己的主业，把教育孩子的问题全都推给母亲，作为母亲，无论是否有工作，在家庭生活中也只要扮演好母亲的角色即可，不可因为丈夫忙碌而代替家庭生活中父亲的角色。

　　第二，杜绝家庭暴力。无论是夫妻之间的家庭暴力还是对待孩子的家庭暴力，对于孩子幼小心灵的打击都是巨大的。孩子对于父母吵架打骂等往往非常敏感，他们少不更事、思维单一，总会认为自己是父母亲之间暴力的根源，会产生一种难以名状的恐惧和内疚，害怕父母离异，更害怕被抛弃。有些父母动辄打骂孩子，本是气急所为，心中对孩子的爱却是无私的。可是孩子并不这么认为，他们会认为父母不喜欢自己才会打骂自己的，时间一长还会对父母产生仇恨心理。

　　第三，讲究家庭教育的方式和艺术。我们都相信"玉不琢不成器"，好的孩子都是靠教育养成的。可是，如果不注意教育的方法，效果只会适得其反。好的教育需要父母以身作则，给孩子起到表率、示范作用；好的教育需要父母尊重孩子，多与孩子进行沟通；好的教育需要父母将孩子的成长放在第一位，关注孩子的性格、优势等甚于学习成绩。

“爸爸回来啦！我都好久没见到您了！”正在弹钢琴的婷婷一听到爸爸的开门声，便跑向爸爸。

“爸爸做得不好，每天回来太晚，走得又太早，只能见到睡着的女儿。”爸爸一边换拖鞋一边笑着说道。

“你爸也累了一天了，快给他倒杯水。”妈妈从房间里走了出来，“还没吃饭吧？我给你热饭去。”

婷婷把水放到爸爸跟前，“爸爸，这个暑假您可什么都不能安排，您得陪我去夏令营！妈妈今天给我报名了，需要一家三口都参加。”

爸爸的脸上露出了难色：“可是，爸爸不能不工作啊！要不然夏令营的费用谁来付？是吧？”

婷婷噘起了小嘴，“人家都是爸爸妈妈来参加，您不去，那谁教我射箭、抓昆虫啊？这些都是有比赛的，妈妈又不会。”

妈妈也从厨房里走了出来，“你就答应女儿吧，你都多久没有陪女儿了？那个夏令营其实就一星期。你好好安排一下，把时间空出来。”

爸爸用手指刮了下女儿的鼻子，笑道：“好吧好吧！我试试吧！是该参加一下集体活动了，否则将来你们娘俩迟早把我孤立了！”

婷婷开心地笑了起来：“哦！爸爸同意了！不许反悔，拉钩！”

一片欢声笑语中，两个手指勾在了一起。

自从有了孩子的那一刻起，父母生活的中心其实就转移到了孩子身上，孩子快乐，父母也快乐。关心孩子、爱护孩子就该对孩子少些斥责、少些打骂，多些陪伴、多些了解，培养良好的家庭情感，营造温馨的家庭氛围，让孩子健康、快乐、茁壮地成长。

第二章　推己及人，走进孩子的心里去

用心交流，别只把孩子扔到书堆里

很多时候，父母都会抱怨孩子不听话，可造成这一现状的往往是父母本身。为了有更多的空闲时间，经常有父母会把孩子扔到书堆里，美其名曰"受知识熏陶"，其实，这只是不愿和孩子交流交心的借口。

元元从小就"饱读诗书"，是大家公认的"小百科"。

元元不仅可爱懂事，还很会学习，不管是在家里，还是在学校，大家都很喜欢和欣赏这个温柔的小姑娘。

曾有年轻的父母很羡慕地来问元元父母是如何教育孩子的，元元妈妈只是笑着回答道："我和元元爸爸工作忙，没什么时间管她，就是从小把她扔到书堆里，可能是书读得多了，了解的知识也就多了，自然也就懂事了吧。"

"只是这样吗？"很多人不太相信元元妈妈这番话，可又觉得有些道理，于是纷纷表示回家在自己孩子身上试一试。

能被大家称赞，元元的父母当然很高兴，可在大家看不到的地方，他们也在为如何教育元元而苦恼着。

有一次，妈妈下班回家，看见元元正在看书，便想着趁这个机会和她谈谈心，聊聊天。

"元元，告诉妈妈最近都看了哪些书？"

没想到，元元只是抬了抬头，便漠然地回答道："没什么，与平时一样。"

"是吗？"妈妈有些失望地给自己倒了一杯水。女儿虽然很聪明，但越长大，越不愿意和他们沟通交流。从元元上学开始，父母就再也没听到过她的心里话了。尽管在外面受到羡慕，但妈妈觉得，他们的教育工作十分失败。

"元元啊，和妈妈聊一聊今天学校的事情，怎么样？"妈妈重新打起精神，和蔼可亲地看向女儿。

元元扬起头，想了想："学校的事情啊？就是听课、做笔记，没什么特别的事情发生啊！"今天妈妈怎么这么反常？难道是自己做错了什么事情，学校老师告状了？元元猜想。

妈妈却不想听到这样的答案，再一次问道："比如，比较有趣的事情，你觉得开心的，或者不开心的，都可以讲给妈妈听的。"

"妈妈，你今天看起来怪怪的。"元元深深地看了妈妈几眼，然后拿起书本，走进了自己的房间。

激烈的社会竞争让很多人不得不去忙碌，其中更是有一部分父母为了给孩子更好的生活而忙得焦头烂额，这些父母平时有繁忙的工作和应酬，自然也就忘记应该多跟孩子去交流。

还有很多父母因为忙，不愿意去跟孩子交流，面对孩子的提问不是训斥，就是表现出一副厌烦的样子，这些父母却没有想过这样的行为对孩子来说会是怎样的伤害。被拒绝的次数多了，孩子就会开始疏远父母，心里话自然也就不愿意同父母分享。于是在父母的眼中，孩子变得不再乖巧，甚至有些孤僻。很多父母会觉得孩子不可理喻，其实，这正是父母长期不与孩子交流造成的。

故事中的父母就是这样，因为平时工作忙，就把孩子从小扔进了书堆，虽然书籍让这个孩子增长了不少知识，却也让她慢慢疏远了父母，不管父母问什么、说什么，她都用敷衍的态度来对待，不想把心里话告诉他们。这对孩子的成长是非常不利的，长期如此，孩子会出现消极性格，有可能影响到她的成长。

那么，父母该怎么做，才能让孩子愿意分享心里话呢？其实，孩子考虑事情是很单纯的，只要父母先迈出一步，努力一把，便能如愿以偿，听到他们的心声。以下两点可供参考。

第一，抽出一些时间陪陪孩子。让我们再看看接下来发生在元元身上的事情。

妈妈虽然在元元那里碰了一鼻子灰，但仍不气馁，还想引导女儿和她沟通。但几次尝试后，她发现，由于以前的家庭环境已经使女儿养成了不对他人过多讲心里话的习惯，不管她现在怎么引导，效果总是不好。

为了更好地和元元相处，妈妈找到了一个育儿专家进行咨询。听了妈妈的讲述后，专家认为，元元之所以造成现在这种状况，应该是元元的父母陪在她身边的时间太少的原因造成的。如果能想办法多抽一些时间陪在元元身边，他们之间的关系肯定会逐渐地发生改变，变得亲密起来。当然，要想达到无话不谈的地步，还得需要元元的父母

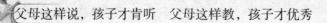

多努力。

听了专家的建议，从那以后，妈妈把能推掉的应酬全推掉了，每天都尽量抽出一两个小时的时间陪在元元身边。

一开始，妈妈只是安静地陪着元元一块看书。渐渐地，当元元习惯了妈妈的陪伴后，偶尔会和她对书中的内容进行探讨和研究，妈妈很高兴能从女儿口中听到和以往不同的话语、见解。见专家的建议有了明显的效果，妈妈以后陪在元元身边的时间更多了起来。

妈妈相信，总有一天，她们能变成无话不谈的母女，甚至是"密友"。

孩子往往都是渴望有朋友陪伴的，所以，作为父母，在工作的空余应该抽些时间多陪陪孩子，因为父母的陪伴是孩子最好的礼物。

很多时候，孩子愿意跟父母讲一些在学校发生的事情，这时父母要扮演一个好的倾听者，不要因为孩子的唠叨而觉得不耐烦，因为孩子能从父母的反应中知道父母是否喜欢听他说话。父母的一个微笑、一个点头，都会让孩子满足，这样他们就会打从心底里愿意和父母诉说更多他心中的小秘密。父母越认真听，他就越想同你分享更多的想法。

第二，做孩子的朋友。

妈妈想给女儿买两本童话故事书，于是在周末的时候带着女儿去了市里最大的图书城。

一进图书城，妈妈也不问女儿想看什么样的故事书，就拉着女儿直接奔向儿童区，拿起一本自己觉得不错的书，问女儿："你看，这上面有金色的大狗，好威风哦。你喜欢吗？"还没等女儿发表意见，她又瞧见一本更有趣的书，问道："这本书讲的是七彩金鱼的故事，一定很精彩，喜欢吗？"女儿张张嘴，想说什么却又被妈妈打断了。只见妈妈又随手拿起一本书，问女儿喜不喜欢。

这时候，妈妈才发现，自从进了图书城，一直都是自己在说，女儿怎么理都不理？这可是在为她选故事书，好歹也要给点回应啊？于是妈妈有些气恼，问道："你到底还想不想买书？"

女儿小嘴一噘，小声说道："你都不让我说话，反正你是妈妈，你决定好了。"

我们愿意和对方讲心里话都有一个前提条件，那就是对方是自己的好朋友，试问，谁会和一个自己不信任、关系不亲近的人进行深入的交流呢？只有当我们认可某个人，把他当作知己的时候，才有可能把深藏在心底的话讲出来，孩子也是如此。所以，父母想让孩子说出心里话，就要先做孩子的朋友。

和孩子做朋友，前提是要取得孩子的信任，多和孩子交流、沟通，时间长了，孩子就会把父母当成自己的朋友看待，也自然会对父母知无不言、言无不尽了。

有些时候，父母听到孩子告诉自己一些在学校发生的事情时，会不问缘由地训斥孩子，这就造成了孩子下次有什么事情都不愿意告诉父母，长期如此，孩子就很难对父母敞开心扉了。所以，当孩子跟父母说一些事情的时候，不管孩子是不是做了错事，父母都要耐心地听孩子讲完，然后再引导孩子正确分析这件事，不要过早地下结论，认为孩子做了错事而批评他。

换位思考让父母更理解孩子

在我们的日常生活中，很多父母都会把自己摆在一个高高在上的位置，觉得只有这样才能在孩子面前有威望，才能"治服"孩子，根本没有想过通过理解来和孩子相处的可能性。这样做的父母根本无法走进孩子的内心，和孩子进行良性的交流。

为了让儿子更出色，更多才多艺，爸爸妈妈为儿子报了很多学习班，有奥数的、美术的、音乐的、英语的。这让儿子从周一到周末，没有一天的自由时间，看着其他孩子欢快地在外面玩，儿子总是一脸羡慕，对父母有些怨恨起来。

"儿子，这周末有一个专家讲座，我帮你报了名，也买好了票，你到时候记得去听，爸爸妈妈还有事儿，就不陪你了。"晚上，妈妈把一张门票和一些零钱递到了儿子手里，就扭头离开了。

儿子撇撇嘴，小声说："我想去玩，不想去听讲座。"

但是妈妈没有听到儿子的话，估计就算是听到了，也会训斥他一顿，或者干脆假装听不到。

转眼，一周就过去了。周末的时候，爸爸妈妈去忙应酬，儿子也出了门。但是第二天，也就是周一，妈妈却把儿子叫到身边大骂了一顿。

"你为什么没有去听讲座？你知道爸爸妈妈花了多少钱、多少精力才帮你买到票的吗？爸爸妈妈这么为你着想，你怎么能这么不懂事？说，昨天去哪了？"

儿子低着头，咬着唇，良久，才说道："去公园玩了。"

"去公园？和谁？玩了什么？你真是越大越长本事了，翅膀硬了是不是？竟然敢不听妈妈的话，自己跑出去玩，你……"妈妈还想说什么，却见儿子头一扬，大声反驳道："你们就知道让我学这学那，我每天学的脑子都快炸了，我也想像其他小朋友那样无忧无虑地出去玩。我到底哪做错了？天天就知道让我拿着书本念来念去，我早就念傻了！"

说完，儿子就哭着跑了出去，妈妈呆愣愣地站在原地，有些不知所措。

生活中，很多父母把孩子当作自己的所有物，经常以主人的身份规范孩子的言行，这样一来孩子几乎成了父母的遥控器。父母过于注重自己的权威，总是以上级对下级的态度命令和要求孩子，这样的教育方式往往忽略了孩子的想法，时间久了，不仅会破坏亲子间的关系，还会对孩子的成长带来不利影响。

很多事情，在孩子的眼里和父母的眼里是不同的，孩子有他们自己看待问题的角度，所以，父母不应以成人的眼光去要求孩子，而是要学会换位思考，尝试站在孩子的角度考虑问题，这样才能赢得孩子的信赖，与孩子在情感上产生共鸣，从而拉近亲子之间的距离。那么如何做到这一点呢？以下三点可供参考。

第一，父母要多和孩子沟通。让我们接下来再看看发生在儿子身上的

故事。

　　自从那次顶撞后，儿子和妈妈就陷入了"冷战"状态，每天两个人说话不超过三次，爸爸夹在两个人中间，要多别扭有多别扭。

　　那天的事情，爸爸回来后听妈妈说了。之后他就陷入了沉思，这几天没有发表任何意见。他和妻子希望儿子能成为出色的人才，所以才为儿子安排了那么多的培训班、补习班，但没想到儿子会有抵触情绪。

　　终于有一天，爸爸想通了，决定找儿子深谈一次。

　　"儿子，那些培训班，你真的一点也不喜欢吗？"爸爸开门见山地问。

　　儿子低着头，想了想，回答道："其实还是挺喜欢的。"

　　"那你那天为什么顶撞妈妈？"

　　"因为要学的内容实在是太多了，我前面听，后面忘，根本吸收不了。要是只学一两样，自己又感兴趣的科目，我保证能学好、学精，可是太多，我就顾不过来了。"儿子很诚恳地对爸爸说，"而且，有时候，我真的很想像其他同学、朋友一样，出去玩玩，也能多交些朋友。这不也是你们常说的交际吗？我挺喜欢交朋友的。"

　　爸爸没想到儿子能有这些想法，看来，平时他们太独断专行，没有从儿子的角度出发考虑事情，既然现在儿子说出了自己的想法，他和妻子也该有所行动，不是吗？

　　于是，爸爸答应让儿子选自己喜欢的培训班去学，不喜欢的全部退掉，但是要保证，必须像他说的那样学好、学精。儿子很愉快地答应了下来，也郑重地向妈妈认了错。

现在的孩子由于环境原因，大多都缺少玩伴，这会使他感觉孤独。所以，父母要多和孩子沟通，以便更多地了解孩子，进而可以站在孩子的角度看待问题。

父母和孩子沟通时要进入孩子的内心世界，了解他的喜好、兴趣以及思考问题的角度、方法，在此过程中建立亲密的亲子关系，从而能更好地了解孩子的思维方式与行为习惯，并加以正确的引导，这对于孩子的成长来说是至关重要的。

第二，建立相互信任的关系。

丽丽放学后，开开心心地回到了家，打开门却看见妈妈一副生气的样子。

丽丽知道不妙，刚要往自己的房间跑，就被妈妈叫住了："我昨天新买的花瓶是不是被你打碎了？"

"不是我。"丽丽小声回答。

"不是你？还撒谎，昨天我买回来时，你就一直围着它转，肯定是你打破了，还不承认！"妈妈不依不饶地说。

"妈妈，我……""你别解释了，肯定是你。"还没等丽丽说完，妈妈就打断了她。

丽丽伤心地回到了自己的房间，越想越委屈，就流了眼泪。

晚上，爸爸回家跟妈妈说："我早上不小心把花瓶给打破了，今天工作忙，还没来得及跟你说。"

妈妈这才意识到自己冤枉了孩子。

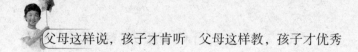

父母想和孩子建立和谐的关系，首先就要做到和孩子相互信任。如果缺乏信任，就会使孩子抵触父母，从而直接影响家庭教育的效果。故事中的丽丽妈妈如果能耐心听孩子解释，去调查事情的真相，就能避免误会孩子的现象发生。生活中，父母一定要信任孩子，懂得站在孩子的角度去看待问题，这样才能建立温馨的家庭环境。

第三，不强迫孩子做不喜欢的事情。现在的孩子得到过多疼爱的同时，还承载了父母过多的期望，这就造成了孩子们不堪重负的现象。有些父母不考虑孩子的兴趣爱好，不征求孩子的意见，就擅自为孩子报了各式各样的培训班、辅导班，这些父母的本意是好的，却往往起到不好的效果。过多的压力会让孩子产生厌倦和逆反的情绪，不仅不能取得好的学习效果，还令孩子没有了快乐的童年。

所以，父母要站在孩子的角度去分析孩子的特点和兴趣，结合这些为孩子寻找适合他的课程，不仅能取得事半功倍的效果，还能让孩子感激父母的理解，从而促进父母和孩子间的关系。

聪明父母主动给孩子开辟私密空间

大家对于自己的秘密或者秘密空间都是使其处于保密的状态，没有得到允许，其他人不能进入或翻看。然而很多父母却忽略了这一点，他们觉得孩子还小，不该有什么隐私。其实不然，每个人都应该拥有自己的私密空间，哪怕他还只是一个孩子。

明天是妈妈的生日，珊珊很想给妈妈一个惊喜，就偷偷地给妈妈买了一件礼物，并把礼物藏在房间里，想在明天一大早的时候送给妈妈。

"爸爸妈妈，你们今天谁都不能进我的房间，快考试了，我要复习功课。"为了防止礼物被发现，珊珊下了"禁令"，吃完晚饭后，就把自己的房门关得死死的，谁也不让进。

但是珊珊越不让人进来，爸爸妈妈就越是好奇和担心，怕她在房间里搞鬼。

八点多钟的时候，珊珊去了趟洗手间，再回来时，忘记把门锁上了，妈妈趁机挤了进来。

"妈妈，您怎么门都不敲？"珊珊吓了一跳，幸好她有先见之明，早就用被单把礼物盖住了。

"妈妈进来给你送点水……"妈妈把一杯水放在珊珊的桌子上，四周看了看，没发现什么特别的地方，也就放下心了，"功课复习得怎么样了？这次考试要加油啊，不能再像上次那样不仔细了。"妈妈嘱咐道。

"我知道了，妈妈您出去吧。"珊珊推着妈妈，想让她出去。

妈妈却板起了脸，说："你是不是在搞什么鬼呢？平时妈妈进来都没事，今天这是怎么了？"

"我也有自己的隐私啊！"

"隐私？你一个小孩……"

"小孩怎么了？"珊珊嘀咕道，"再说，我也不小了。"

听到珊珊的嘀咕声后，妈妈突然愣住了，回过神来的时候，紧张地盯着她的脸，问："珊珊，你说实话，你是不是早恋了？妈妈不是和你说过，你现在要以学习为重，你怎么能……"

面对妈妈突然的怒斥，珊珊只觉得心里一阵委屈，二话不说就摔门跑了出去。

隐私，是指每个人藏在心里、不愿被他人知晓的事情。人人都有自己的隐私，孩子也不例外。然而很多父母却忽略了这一点，他们觉得孩子还小，不该有什么隐私，所以会做出一些窥探孩子隐私的行为，比如偷看孩子日记、翻孩子的东西。父母的这些行为是非常不好的，不经孩子允许就随便翻看孩子的东西，对孩子而言是一种不尊重，除此之外不尊重孩子隐私还有很多危害。

父母不尊重孩子隐私的行为会让孩子感到自尊心受到伤害，这种情况下容易引发孩子的逆反心理，促使孩子不愿与父母亲近，甚至事事和父母对着干。不仅如此，这种行为还打击了孩子的自信心，因为随着孩子年龄的增长，他们的自我意识也随之增强，孩子开始渴望独立，希望有些事情不被父母干涉，例如孩子犯了错误，不想被别人知道，愿意自己偷偷地改，这时候如果父母侵犯了孩子这方面的隐私，就会使孩子的自信心受到挫败。

很多时候孩子的日记记录的都是自己的一些私密想法，如果父母偷看甚至宣扬孩子日记中的隐私，会让孩子感到难堪和厌恶，时间久了，孩子就会对父母产生反感。这时如果不及时补救，就会让亲子关系出现隔阂，致使孩子不愿听从父母的教育。那么，面对孩子的隐私，父母该怎么做呢？以下四点可供参考。

第一，不偷拆孩子的日记、信件。

小光自从上小学后，就迷上了写日记，每天晚上睡觉前，小光都要在日记上写下自己在这一天里的心得体会，这样才会觉得圆满，感到这一整天都过得十分有意义。

但是小光的日记从来不给别人看，就连爸爸妈妈问，他也不告诉他们自己的日记上都记了哪些内容，这让小光的爸爸妈妈挺好奇的，儿子到底每天都在想些什么、写些什么，觉得哪些事好玩，哪些事有意义呢？

想要进一步了解底细的爸爸趁着小光不在家，终于忍不住好奇心，偷偷看了小光的日记本。不看不知道，一看吓一跳，儿子竟然在日记中写了很多他和妻子的缺点：爱唠叨、不尊重自己的隐私、爱骂人……

爸爸的脸瞬间就变黑了，"啪"的一声把小光的日记本摔在地上，背着手在房间里等着儿子回来，到时候要好好教训他一顿！

有些时候，孩子不愿意和父母交流，而父母又想了解孩子的想法，就做出了偷看孩子日记或偷听他们电话的行为，父母的本意是出于关心孩子，结果却带来了很多负面影响。所以，当父母发现孩子有了秘密的时候，应该尊重孩子的隐私权，不要轻易去打开日记，强行打开只会让孩子对父母紧闭心灵的大门。总之，父母应该尊重孩子，耐心和孩子沟通，而不是随意窥探孩子的隐私。

第二，培养孩子对自己的信任。我们总是愿意把一些心里的秘密告诉自己信任的人，孩子也是如此。父母要了解孩子的隐私，可以采取一些正当手段，这样不仅达到了自己关心孩子的目的，还维护了和孩子的关系。

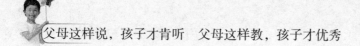

这种情况下，建立孩子对自己的信任可谓至关重要。在平时，父母要多和孩子沟通，让孩子感觉到父母的诚意，渐渐地，孩子自然会向父母敞开心扉。父母还要注意，如果孩子告诉自己他的秘密，一定要保守好，不要到处宣扬孩子的秘密，这也是让孩子信任父母的关键。

第三，进孩子的房间要敲门。尊重孩子的隐私，就要明白一点，孩子有自己独立的人格，他们不是父母的附属品。所以，父母不能因为自己的好奇做出侵犯孩子隐私的行为，同时，父母还可以为孩子提供一个独立的空间用以保护孩子的隐私。当父母进入孩子房间之前，要敲门，得到孩子的同意再进去，或是帮孩子整理房间前，提前询问孩子的意见，这些生活中的细节随处可见，却能让孩子感觉到父母的尊重，并产生感激之情。

第四，和孩子分享自己的小秘密。在日常生活中，父母要和孩子多多沟通，主动和孩子聊一些学校的事情，让孩了觉得父母是自己的朋友。父母还可以把自己的小秘密拿出来和孩子分享，告诉孩子这是妈妈（爸爸）的秘密，只有他知道。这样，孩子会感觉到父母对自己的信任，自然也不会时刻防备着父母了。

父母一声"对不起"拉近亲子距离

孩子做错了事，父母会严厉地批评孩子，让孩子懂得知错就改的道理，但如果是父母犯了错，却很少会对孩子说一声"对不起"。

周末，江江在饭桌上随便吃了几口饭，就急匆匆地跑出去玩了，妈妈看着他的背影，边摇头，边说道："瞧这跟风火轮似的，就像是做了错事，怕谁要追在他屁股后面打他似的。"

说完，她也进了厨房，准备吃早饭。

可刚进厨房，妈妈就呆住了，只见牛奶洒了一地，其间还掺杂着大大小小的玻璃碎片，原来是牛奶瓶子被打翻摔碎。妈妈很生气，怪不得江江跑那么快呢，原来是做了错事！

"看我怎么收拾他！"妈妈气得追了出去。

江江刚下楼，就被妈妈扯着耳朵拽了回来，感觉十分没面子，他噘着嘴，鼓着腮帮子，就是不往厨房走。

"怎么？做了错事不敢承认了？害怕了？"妈妈质问道。

"我没做什么错事。"江江不服气地说道。

"还敢顶嘴！"妈妈伸手在江江的屁股上拍了一巴掌，江江的嘴噘得更高了，眼睛有些红红的，想哭。

"这是怎么了？"这时候，爸爸闻声打着哈欠走了过来，"一大清早的，吵闹什么？"

"问你的宝贝儿子吧，瞧这洒了一地，竟然还不承认。"妈妈指着地上的一大摊牛奶和碎瓶子，说道。

"咦？还真摔了啊！"没想到，爸爸却挠了挠头发，很不好意思地笑道："早上的时候，我迷迷糊糊地来厨房想喝点水，感觉后背碰到了架子上的什么东西，离开厨房时，听到有什么东西从架子上滚落到地上，当时太困，懒得返回来看了，我还想即便是有东西掉了，等起床后再来厨房把它拾起来放回原处就是了，没想到是把牛奶碰翻了。"

"今天早上我根本就没进过厨房！"这时候，江江才敢小声地嘀咕了一句。

每个人都会犯错，犯了错就要勇于承担，更要学会道歉。没有一个父母希望自己的孩子不敢承认错误，然而，很多父母犯了错误时却碍于面子不愿向孩子道歉，这种做法不仅忽略了孩子的感受，还为他们树立了不好的榜样。因此，作为父母，犯了错误时，一定要向孩子道歉，只有尊重孩子，才能更好地教育孩子。以下两点可供参考。

第一，错怪孩子的时候要给孩子道歉。

娇娇的妈妈新买了一条丝巾，娇娇觉得很好看，拿在手里爱不释手，反复看着。

几天后的一个早晨，妈妈要出门，却发现丝巾不见了，于是她叫来了娇娇："是不是你把妈妈的丝巾藏起来了，马上拿出来。"

"妈妈，我没有拿您的丝巾。"娇娇看着妈妈说。

"你还不承认，整天一副爱不释手的样子，肯定是你拿的，快交出来。"妈妈竟然开始大声训斥了起来。

这时爸爸闻声走了过来，问清是怎么回事后，对妈妈说："你昨天背的是那个棕色的包，我记得你把丝巾放在包里了，你去找找看。"

妈妈半信半疑地去房间里找，果然丝巾在自己的包里，这才意识到自己错怪孩子了，于是赶忙出去对娇娇说："对不起，是妈妈错怪你了。"

娇娇见妈妈竟然向自己道歉，刚才的委屈马上消失不见了，她高兴地对妈妈说："没关系，妈妈，我爱您。"说完给了妈妈一个拥抱。

不久后，娇娇在作文里写了这件事情，在文章的结尾处，她写道："妈妈向我道歉了，我为我的妈妈骄傲。"

孩子虽然年龄小，但他也渴望得到别人的尊重。父母的训斥会给孩子的自尊带来很大的伤害，而父母的错怪对孩子的伤害更为严重。因此，当父母错怪了孩子的时候，一定要向孩子道歉，用自己的行动取得孩子的谅解，同时也让孩子学会了知错就改，当他犯了错误时就不会想着如何逃避，而是向父母学习勇于承认。故事中，娇娇的妈妈正是由于肯向孩子道歉，而取得了孩子的谅解，并因此让孩子更加尊重自己。

第二，失信于孩子要向孩子道歉。

小北的爸爸平时工作忙，很少有时间陪小北玩。

上周的一个晚上，爸爸答应周六带小北去爬长城，小北非常高兴，对小伙伴说："爸爸周六要带我出去玩了。"他左等右等，终于等到了周六，可爸爸却临时加班，去了单位，这让小北非常失望。

周日晚上，爸爸加完班回家后，见小北不像往常一样活泼，也没有冲上来抱着自己，妈妈一说原因，他才意识到自己失信于孩子了。于是爸爸把小北抱在怀里说："儿子，对不起，爸爸过两天临时加班，忘记了和你的约定。这样吧，为了以示歉意，爸爸下周申请多休两天，陪你去玩好吗？"

小北听后，高兴地点了点头，笑了。

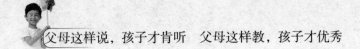

后来，爸爸没有再次失信于小北，陪小北玩了几天，这让小北非常高兴。

孩子和成人一样，也会有失望的情绪。故事中的小北就是因为爸爸没有带自己去玩而感到失望。在日常生活中，父母失信于孩子的情况并不少见，因此，当父母没有履行和孩子的约定时，一定要及时给孩子道歉。此外，父母还应注意，向孩子道歉时一定要发自内心、真心实意。有些父母为了在孩子心中树立自己的良好形象，就故意犯一些错误，然后对孩子道歉，这种情况如果被孩子发现，就会在他的心中留下虚伪的印象，不利于对孩子的教育。

别用别人家孩子的优点来伤害自己家的孩子

很多人在回忆他们的成长历程时，都会有一个令他们心痛的"别人家的孩子"，这其中也不乏已经成为父母的一些人。然而，这些已经成为父母的人在教育自己的孩子的时候，也会拿出一个"别人家的孩子"来跟自己的孩子进行比较，无形中伤害了自己的孩子。

小胖和姜姜是一对好朋友，从小他们就在一起玩，从没吵过架，感情比亲兄弟还要亲。但是最近，小胖有些抵触和姜姜在一起玩，只要一看见姜姜，就会马上扭头就跑，能躲多远就躲多远。

这是为什么呢？

原来，小胖人如其名，长得有点胖，性格还有些憨厚，但让人觉得比较傻、笨。而姜姜不仅长得帅气，人也很聪明，不管什么难题，只要他稍微动动脑子，就能解决掉。

一对好朋友有着如此巨大的反差，这让小胖的妈妈感觉心里很不平衡，于是经常对小胖说："儿子，就算你身材上比不过姜姜，你脑子聪明点行不行？整天笨得都快赶上猪了，你说你长这么大有什么用？"

对于妈妈的责骂，小胖听一次没什么感觉，听两次没有往心里去，但三次、四次之后，就没办法不在意了。在和姜姜玩的时候，小胖总是偷偷观察姜姜，还会模仿他的一言一行，却仍换不来妈妈一丁点的赞赏和鼓励。

这让小胖越来越觉得不开心，感觉有口说不出来，再次见到姜姜时，也会十分的别扭，只好用逃避来解决这一切。

每个人都有自己的优点和缺点，孩子也是一样。作为父母，都希望自己的孩子是最优秀的，这就导致了一些父母经常拿自己的孩子和别人孩子比较的现象。在比较的过程中，父母往往拿自己孩子的短处去和别人孩子的长处相比，父母这种把其他孩子的优点过度美化的行为，本意是想激励自己的孩子向别人看齐，事实上却给孩子带来了巨大的伤害。

作为父母，不能只凭孩子的某些方面不如别人，就否定孩子或认为孩子没有出息，而是应善于发现他的长处，找到他与众不同的地方。每个孩子都有自己的闪光点，父母要相信自己的孩子是优秀的，多给孩子一些赞美，让孩子在父母的鼓励中继续发扬自己的优点和长处。如何做到这一

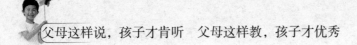

点？以下两方面可供参考。

第一，不盲目地拿孩子比较。每一个孩子的智力水平、兴趣爱好和心理素质等方面都有所不同，因此，盲目地拿自己的孩子和别人比较是不科学的。长期如此，会抹杀孩子的天性，试想，哪对父母希望自己的孩子是别人家孩子的复制品呢？所以，父母不可总是拿自己的孩子和别人比较，以免挫伤孩子的自尊心，从而产生抵触情绪。

小昊放学后没有像往常一些兴高采烈地跟爸爸妈妈讲学校里的趣事，而是垂头丧气地回到了自己的房间。

"在学校发生什么事了？怎么这么不高兴啊？"妈妈走进房间轻声问小昊。

"妈妈，今天老师批评我了，说我调皮，没有李刚听话。"小昊委屈地说。

"老师为什么批评你呢？"妈妈继续问。

"上课时老师提了一个问题，我知道答案，可是老师半天也不叫我回答，我就自己站起来回答了。"小昊说。

"宝贝，你勇于回答问题是对的，老师批评你不是因为你勇于回答问题，而是因为你没有取得老师同意就自己回答了，老师觉得你这样没有尊重他，并不代表他不喜欢你。"妈妈开导着小昊。

"真的？那妈妈你说我是没有李刚好吗？"小昊问。

"李刚有李刚的优点，你也有你的优点，比如说你勇敢，乐于助人，爱思考，你当然不是不如他！"妈妈肯定地说。

小昊听了高兴地笑了。

故事中的小昊因为老师拿自己和别的孩子比较，而产生了对自己的怀疑，妈妈面对小昊的错误没有指责他，而是帮他分析了老师批评自己的原因，同时还提出了小昊的一些优点，妈妈的做法帮小昊找回了笑容。

老师和父母拿孩子跟别的孩子来比较的现象是常见的，但这种做法严重地挫伤了孩子的自信心。因此，成年人不应该一味拿孩子的短处去和别人的长处比较，而是应善于发现孩子的优点，同时委婉地指出孩子的不足，父母的鼓励可以帮孩子及时弥补自己的短处，并在同时继续发扬自己的长处。

第二，对孩子的兴趣培养不跟风。在生活中，常有这样的事情发生：父母看到别人的孩子在学习画画，就为孩子报了画画班；看到别人的孩子钢琴弹得好，就强迫孩子去学钢琴；别的孩子在数学方面比自己孩子的好，就请家教给孩子补习数学……父母希望别的孩子会的东西，自己的孩子同样会，所以往往不征求孩子的意见，就擅自为孩子报了各种补习班、兴趣班，这种做法会使孩子感到不受到尊重，同时还给原本学业沉重的孩子带来了更大的负担。

因此，父母应及时改变这种不当的教育方式，在给孩子报兴趣班或补习班之前，要结合孩子的兴趣帮孩子选择，不要强迫孩子去做不喜欢的事情，只有找到适合自己孩子的发展道路，按照孩子的天性去培养他，他才可能获得幸福和成功。

第三章　父母多奖励，孩子更优秀

精神奖励比物质奖励更能激励孩子

　　当孩子成绩进步了，或者在比赛中取得了较好的名次，父母通常会或多或少地给孩子一些奖励，而且以物质奖励居多。有的父母喜欢用钱来刺激孩子的进步，这样做其实是不合理的。如果父母过于重视物质奖励的作用，会导致亲子关系物质化，使孩子养成动不动就拿钱来说事的习惯，从而变得很自私。比如妈妈说："儿子，帮我打扫一下房间。"儿子却伸过手来道："可以，不过要给我20元钱作为奖励。"如果亲子之间的关系发展成这样，那将会是一个悲剧。

　　鉴于物质奖励带来的种种弊端，父母在奖赏孩子时就要注重精神上的奖励。精神奖励能够激发孩子对精神追求产生兴趣，从而提高孩子的思想境界。否则，孩子小小年纪便满脑子金钱观，这对他未来的成长会造成极为不利的影响。

　　千千的学习成绩一直不太理想，妈妈想了很多方法帮助她，但效果都不明显。最后，妈妈便决定用金钱奖励来刺激她进步。

　　"千千，你要是进步10名，我就奖励你200元，怎么样？"一天，妈妈对千千说。

"真的？"千千刚好想买一条新裙子，便对这个条件有点动心。

"妈妈说话算话，只要你进步10名，200元就到手了。"妈妈坚定地说。

"好吧，我接受您的条件。"为了那条裙子，千千决定拼一把。

一个月后，年级举行月考，千千凭借一个月的努力，成功地跃进了11名。她兴奋地拿着成绩单找到妈妈："看，我进步了11名，我做到了。妈妈，您也要兑现自己的诺言。"

妈妈看了成绩单，高兴地递给她200元，同时说："嗯，不错。"看到金钱的诱惑这么有效果后，妈妈决定继续用钱来刺激千千进步，"如果你还能进步10名的话，我会给你500元。"

"什么，500元？妈妈，您说的是真的吗？"千千马上竖起了耳朵，对妈妈的话十分感兴趣。

"嗯，是真的，不过，这次可有点难度。"妈妈笑道。

"没问题，为了500元钱，我拼了。"千千兴奋地说。果然为了得到奖励，千千又卖命地学了一个月，结果真的又进步了10名。

看到这个令人满意的结果，妈妈觉得很得意，可是，妈妈并没有高兴多久。

一次，妈妈又给千千提高了要求，让她的学习成绩进入全班前3名以内，并承诺说："如果你做到了，暑假就带你去云南旅游。"

可是千千却说："不，您的要求太高了，我也要提高条件，那就是必须去法国旅游。"

"法国？不行，咱们的经济条件没有这么好。"妈妈听了有点惊讶，千千居然会提出这么高的条件。

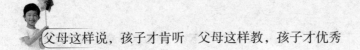

"您要是不答应，那我也不答应。"千千昂着头，摆出一副没有商量余地的样子。

看到女儿高傲的样子，妈妈突然意识到，自己犯了一个大错误，不该用钱来诱惑女儿进步。

故事中的妈妈本来是想用物质奖励来鼓励女儿进步，但却没有把握好度，结果导致女儿变得金钱意识十分深厚，开始和妈妈讨价还价。因此，父母在管教孩子时要明白一个道理，孩子的好成绩和能力是不能用钱来买的，物质奖励暂时很有效果，但总有一天会显露出它潜在的弊端。此外，如果孩子对父母的诱惑不再感兴趣了，那么父母就没办法再要求孩子进步了。所以，在奖赏孩子时，父母要尽量多使用精神奖励，这样不但能够鼓励孩子继续取得进步，也不会给孩子带来不良影响。

我们所说的精神奖励，就是赞美孩子、肯定孩子，满足孩子的成就感，这样孩子的内心才能产生真正的动力，从而努力学习，不断进步。精神奖励的方法有很多，比如言语鼓励，当孩子取得进步时，你对他说一句，"真棒，妈妈以你为傲！"或者对他竖起大拇指、微笑、点头、拥抱等等，这些都能够给孩子带来很大的鼓励。

设定延迟奖励，让孩子因期待更加努力

在日常生活中，很多父母都喜欢奖励孩子，而且只要孩子取得了进步，父母都会兑现自己的诺言。其实，有时候，父母有必要延缓一下奖励

孩子的时间，对孩子的需要和享受的欲望进行延迟性满足，这样不但能够让孩子学会等待，也可以培养孩子的自制力。也就是说，在管教孩子的过程中，父母要灵活地运用奖励的方式，如什么奖励需要及时兑现，什么奖励需要延迟时间，掌握好这个方式，父母的管教才更有效果。

　　小眉很喜欢吃荔枝，但是荔枝的价格比较贵，妈妈不经常给她买。过几天就是月考了，小眉灵机一动，想出一个能够吃到荔枝的好方法。

　　"妈妈，和您商量一件事吧。"小眉凑到妈妈的身边说。

　　"可以，说来听听。"妈妈笑道。

　　"我们马上就月考了，如果我进步了，您能给我买荔枝吃吗？"小眉问道。

　　妈妈听了有点好笑，想吃荔枝又不是什么大事，女儿却把它当作激励自己进步的动力，于是便爽快地答应了她，"好吧，不过，你要进步大一点才行。"

　　"没问题，那就一言为定啊！"小眉高兴地跳起来。

　　月考成绩出来了，小眉真的有了很大的进步，她拿着成绩单飞快地跑回家，兴奋地对妈妈说："妈妈，我进步了，你承诺过要给我买荔枝的。"

　　"是，妈妈知道你言出必行，所以已经给你买好了。"妈妈看了看她的成绩单，笑着说。

　　小眉往桌子上一看，满满的一大盘荔枝，红艳艳的，一看就很美味。"太好了，谢谢妈妈！"小眉说完就向桌子上的荔枝跑去，巴不得把所有的荔枝都吃完。

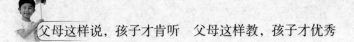

这时，妈妈说道："不行，现在还不能吃，要等到爸爸回来才可以吃。"

小眉听了噘起嘴，不高兴地说："可是你答应过我的……"

"妈妈并没有食言，只是让你等一会儿而已，这样做的目的是为了让你明白好东西要与别人分享，不能独占的道理，再说爸爸很快就回来了。"妈妈一本正经地说道。

小眉一直盯着荔枝看，心想："爸爸，你倒是快回来呀。"虽然时间过得很慢，但小眉终于等到了爸爸下班回家。"爸爸，快快快，我们吃荔枝了。"爸爸刚进屋，小眉就把他拽到了餐桌前。

"哟，好漂亮的荔枝啊，一看就知道很好吃。"爸爸笑道。

"嗯，这是妈妈给我的奖励。"小眉高兴地说。

于是，父女两个一边交谈一边吃荔枝，聊得很开心。小眉这才意识到，原来和爸爸一起吃荔枝是一件很高兴的事情，而且盘子里的荔枝比任何一次都感觉香甜。

故事中的妈妈虽然答应了要给孩子奖励，但刻意推迟了兑现的时间，让孩子和爸爸一起分享喜悦，而孩子也体会到了其中的甜蜜。在日常生活中，当孩子取得进步后，很多父母会马上给孩子奖励。针对这一问题，部分教育专家认为，当孩子渐渐懂事以后，应该得到奖励时，父母尽量不要立即兑现，最好是延迟一会儿、几天或几周，等等，让孩子学会等待。

延迟满足孩子有很多好处，除了能培养孩子的自制力外，还可以提高孩子自主学习、自主进步的能力。延迟满足还能让孩子认识到，自己的进步并不是为了得到父母的奖励，而是让自己不断提高、不断进步。事实证明，大多数能够接受较长时间延迟奖励的孩子，他们的非智力因素都比一般的孩子要好。

所谓的延迟满足，就是指人们为了得到更有价值的长远利益，于是控制住自己的欲望，甘愿延缓对目前需求的满足，以此来获得更大的收获。美国一位心理学家设计了一个延迟满足的实验，让几个孩子在美味糖果面前等待，半个小时后才能够吃到糖果，有的孩子能够控制住自己的欲望，乖乖地等着半个小时过去，而有的孩子则忍耐不了，没过几分钟就抓起糖果吃起来。由此可知，经常对孩子进行延迟满足的训练，能够锻炼孩子的自制力。

我们都知道，大多数孩子的自制力都比较差，除了孩子自身不够成熟外，父母的纵容也是很大的因素。对于孩子的日常要求，很多父母都会及时满足，养成习惯后，如果父母要求延迟满足，孩子就会因缺少耐性和自制力而发泄不满。因此，在管教孩子的时候，父母要适当地对孩子进行延迟满足的训练，比如孩子想要得到新的文具，那就让他先学着爱惜文具；孩子想出去玩，那就让他先做完功课；孩子想上网，那就让他先做一些家务，然后再允许孩子上网半个小时，等等。

延迟满足除了能让孩子学会等待、提高自制力外，也能让孩子学会分享。就像故事中的小眉，妈妈推迟了对她的奖励时间，让她和爸爸一起分享了美味的荔枝，而小眉也体会到了和爸爸一起享用荔枝的乐趣，感受到了分享的快乐。此外，延迟满足也能提高孩子的抗挫折能力。现在的孩子，大多数都没有经历过什么挫折，遇到一点小困难就承受不了，总是把解决问题的希望寄托在父母的身上，而父母为了让孩子高兴，总是替孩子解决问题，这样一来，孩子就无法得到锻炼。如果父母经常延迟满足孩子的欲望，那么孩子的抗挫折能力就会得到一定程度的提高。

父母给孩子的奖励要多元化

孩子有进步了、懂事了，父母总是要给予一点奖励，但奖励孩子什么呢？父母又开始发愁了。精神奖励当然比较重要，给孩子一定的荣誉、一句赞扬的话、一个拥抱等，既简单又能起到积极的作用。除了精神鼓励外，还要给孩子一些物质奖励。当然，不论是哪种方式的鼓励，形式都不能单一化，否则会对孩子失去吸引力。奖励孩子是为了增强孩子的自信心和成就感，让孩子进步得更快，如果孩子厌烦你的奖励，那么你的奖励可能就要失效了。

"苗苗，听说昨天你帮妈妈打扫卫生了？"晚上看电视的时候，爸爸笑着问女儿。

"是啊，妈妈一个人干活太累了，您又不在家，我不帮忙怎么行啊！"苗苗边看电视边说。

"嗯，我的苗苗真的长大了，知道心疼妈妈了。不错，来奖励你100元钱。"爸爸说着从钱夹里取出一张100元的钞票递给苗苗。

爸爸原本以为苗苗会非常高兴，没想到苗苗却推开他的手，生气地说："爸爸，我不想要钱，您每次都把钱当作奖品，能不能换点新鲜的？"

"有了钱你就可以买自己喜欢的东西啊，你怎么这么傻呢？"爸爸诧异地问。

"我不是傻，我也知道钱能买到自己喜欢的东西，但是，我更希望看到爸爸给我不一样的奖励。"苗苗说完后干脆站起来回自己的房间去了。

过了一会儿，妈妈从厨房出来，爸爸便急忙问："女儿不希望我用钱奖励她，那么我该奖励她点什么呢？"

"你啊，就知道给钱，还好女儿没有被你培养成小财迷。你动动脑筋，给她一个心仪的小礼物，带她出去玩玩儿，或者实现她一个愿望都可以。每次都是100元钱，换作是我，我也会腻烦的。"妈妈笑道。

"哦，这样啊，奖励孩子还有这么多讲究？"爸爸笑着说。

"当然啦，你不知道，在学校里，老师为了鼓励学生们，经常变换各种奖品来吸引学生，奖品新鲜才更有诱惑力。就管教孩子来说，你要学的东西还有很多。"妈妈取笑爸爸道。

"是，听你一席话，胜读十年书啊！"爸爸大声笑道。

故事中的爸爸奖励方式很单一，不论女儿成绩进步了还是懂事了，都奖励女儿100元钱，这种奖励起初还很有吸引力，但时间一长，女儿便开始反感了。其实，父母奖励孩子的方式有很多，如陪孩子进行一次旅行、吃一顿大餐、看一场电影，给孩子买一件新衣、讲一个故事，给孩子一段自由支配的时间，等等。孩子大都比较单纯，欲望也并不强烈，只要父母多用心，很容易就能满足他的要求。父母奖励孩子，最主要的目的是与孩子一起分享成功的喜悦，鼓励他更上一层楼。所以，奖励孩子的方式要多样化，这样才能让孩子对父母的奖励产生兴趣，并争取取得更大的进步。

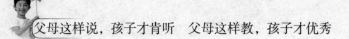

　　著名心理学家斯金纳曾经说过："奖励孩子要有变化性，同时奖励的手段要多元化，尽量让奖励变成孩子的内部动机而不只是一种外部的物质吸引。"因此，父母在奖励孩子时，尽量不要给孩子太多金钱或昂贵的礼物，可以将更多空闲时间作为奖励给孩子，让孩子玩得更久些；当孩子追求某种嗜好、技能时，父母可以给予支持、鼓励，并创造条件让他学习，这是一种很有意义的奖励方式。

　　父母给孩子的奖品要尽量有创意，不能总是把糖果、玩具、书籍等作为奖品，奖品有时可以是一句赞美、一个拥抱等。而且还要想办法给孩子一些惊喜，让孩子对父母下一次的奖励充满期待，从而更加主动地提升自己。

　　"宝贝，来看看妈妈的杰作！"儿子过生日的时候，妈妈把孩儿子在各杂志、报纸上发表的文章做了一个汇总，共有7篇，然后把这7篇文章剪下来贴在了一张奖状上，打算把这张奖状当作奖品送给儿子。

　　"咦，这不是我写的文章吗？"儿子接过奖状，高兴地说。

　　"对，就是你写的文章，妈妈都收集好了，看看奖状的背面是什么？"妈妈笑着对儿子说。

　　"张力小同学：你在2017年勤奋努力，发表了《我的一家人》等7篇优秀的文章，特此向你表示祝贺。希望你在新的一年里更加努力，取得更优异的成绩。——爱你的爸爸妈妈。"儿子小声地读着。

　　"这是我们送给你的生日礼物，也算是奖励你这段时间的努力，怎么样，喜欢吗？"

　　"好特别的礼物啊，我很喜欢！谢谢爸爸妈妈。"儿子抱着奖状，高兴地说。

奖励孩子的方式有很多种，故事中的妈妈就很用心，把孩子的成绩做个汇总，并以奖状的形式展现出来，是一个非常不错的方法，既新颖又有意义。

奖励孩子的时候，父母可以给孩子一些主导权，让孩子选择一件自己喜欢的奖品或者想做的事情，这是最受孩子欢迎的奖励方式之一。例如，当孩子需要被奖励时，可以让他和伙伴们出去玩一会儿，或者允许他多看一会自己喜欢的电视节目，等等。

此外，父母还可以对孩子采用形式奖励和机会奖励。比如孩子某件事做得很好，父母可以允诺和孩子一起游戏、旅游或者唱歌，等等，让孩子和父母一起享受快乐。也可以给孩子一次展示自己的机会，比如孩子擅长跳舞，就让孩子在客人面前跳一段，这样不但能增强孩子的表现力，也可以提高孩子的自信心，是一种不错的奖励方式。

给孩子奖励应因事而异

在管教孩子时，很多父母会采用多奖励少惩罚的策略，但是，有的父母并没有掌握好奖励孩子的技巧，不但不能很好地管教孩子，反而误导了孩子。奖励孩子的程度要根据具体情况进行调整，既不能奖励过度，也不能忽视孩子点滴的进步。

当孩子取得的进步较小时，父母不宜大张旗鼓地奖励孩子，这样会让

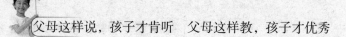

孩子认为，只要取得一点小小的进步就能够得到一份昂贵的奖品，于是便渐渐不思进取。当孩子取得较大的进步时，父母应该给予孩子价值较大的奖励，这样不但是对孩子进步的肯定，也能够激励孩子取得更好的成绩。因此，父母奖励孩子价值的大小、多少要取决于孩子取得成就的大小，这样才更有助于管教好孩子，帮助孩子进步。

　　晓蓓家今天又举行了一个聚会，目的是庆祝她考试成绩在班级里进步了五名。很多同学和邻居的伙伴都被邀请过来唱歌、跳舞、吃零食，气氛很热烈，就像庆祝传统节日一样。

　　"这次是不是有点过度了，孩子不过是进步了五名而已，至于这么大张旗鼓地庆贺吗？"看着闹腾腾的客厅，爸爸不高兴地说。

　　"唉，我有什么办法，她非要举行，闹了好几天，我也是没办法。"妈妈皱着眉头说。

　　"都怪你，看你把她惯的。上次不过是被选进了参加作文比赛，你就非要给她举办聚会庆祝，现在她已经学会向你这一招了，动不动就举办聚会，花销大不说，还把家里弄得乌烟瘴气的。"爸爸抱怨道。

　　"我也想不到事情会发展成这样。算了，以后不答应她就是了。"妈妈无奈地说。

　　"不答应？你做得到吗？"爸爸摇摇头，进自己的房间去了。

　　这件事刚过去没多久，妈妈又开始犯愁了，因为晓蓓缠着她要出国旅游，理由是自己在校园歌舞比赛中获得了优秀奖。

　　"出国多麻烦啊，我和爸爸都没有时间啊！"妈妈劝她说。

　　"不行，出国又不是什么难事，我们去一个月就回来，不耽误时间的。"晓蓓不依不饶地说。

"你这个孩子，怎么想起一出是一出啊，妈妈不答应。"妈妈生气地说。

"妈妈真小气！以前我有一点进步您都会奖励我，现在我得了奖，您怎么却无动于衷呢？"晓蓓生气地嚷嚷道。

"不过是个优秀奖，参加的同学大部分都得到了，你的要求也太苛刻了，要不我们去云南旅游吧。"妈妈商量道。

晓蓓刚要说话，爸爸突然大声说："云南也不去，有了一点小成绩就吵着要出国玩，邻居家的小云考了全校第一，人家从来都不向父母索要什么，取得的成绩是你自己的，又不是我们的，我们凭什么要满足你的意愿！"

"不，我就要去，我就要……"听了爸爸的话后，晓蓓没有一点悔改的意思，依然吵着要出国玩，闹得爸爸妈妈头都疼了。

在晓蓓取得一点小成绩的时候，为了奖励她，妈妈就大张旗鼓地举办聚会，而且经常过分奖励晓蓓的一些小的进步，结果导致晓蓓变得骄傲、任性，动不动就向父母提出更高的条件。由此可知，父母奖励孩子要适度，不要因为孩子取得了一点进步就大肆奖励，这样不但不会激励孩子进步，反而会让孩子轻易满足，而且对父母所提的要求也会越来越高。因此，在管教孩子时，父母要特别注意奖励的力度。进步小就小奖励，进步大则大奖励，但也要根据具体情况而定。

对于经常犯错误或者成绩较差的孩子来说，他不经常取得进步，如果偶尔取得了一点小成就，父母应该给予他较大的奖励，这样才能让孩子更加积极主动地取得进步。而当他的进步有了较大的提高后，对他的奖励力

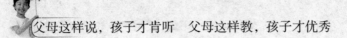

度也要有所调整。

　　"哟，小乐考试及格了，61分呢！"妈妈拿着小乐的试卷，兴奋地说。

　　"可是，我还是倒数第一。"小乐垂头丧气地说。

　　"没关系，慢慢来，这是你第一次及格，妈妈要好好奖励你。"

　　那天晚上，晚饭准备好了，妈妈叫道："小乐，吃饭了！"

　　小乐从房间里跑出来，看见一桌子的好菜，他高兴地大声说："妈妈，今天过节吗？"

　　"对，庆祝你考试及格。"妈妈笑着说。

　　小乐听了很高兴，赶紧坐下来狼吞虎咽。有了这次表扬后，小乐对进步的渴望越来越高，最后成绩便逐渐提高了，再也不是班里的倒数第一。

　　有的孩子属于中等水平，平时小进步不断，但大的成就很少有，面对这样的孩子，当他取得小进步时，父母要给予中等的奖励，以此来激励他继续努力向前。当他取得较大的进步时，父母奖励的力度就要加强，因为他取得大进步的概率较小，力度大的奖励能够刺激他们不断地突破自我，取得更好的成绩。

　　对于优秀的孩子，他经常取得进步，这时候，父母的奖励就要起引导的作用了。当他取得小进步时，父母不要忽略，否则会打击孩子的积极性，可以适当地给他一点小奖励，比如精神奖励，说一句"你做得很好"或者"表现不错"等话，总之，要让他感觉到父母的欣赏。当他取得较大的成就时，父母的奖励的力度也要适当加强，如此一来，他就能感觉到父母的重视，从而自己也会重视自己，以后还能取得不小的进步。因此，把握好奖励的力度，父母也能够很好地管教自己的孩子。

不要让孩子养成事事都要奖励的习惯

父母奖励孩子是很正常的事情，但是，如果父母的奖励成了习惯，孩子索要奖励也会成为习惯。生活中，我们经常发现，有的孩子动不动就向父母索要奖励，而大多数父母为了让孩子高兴，也会爽快地答应，如此一来，孩子就被娇惯得任性、骄横。因此，在管教孩子的过程中，父母要慎用奖励，不能让孩子养成事事都盼着奖励的习惯。

有一天早上起床，阿彩问妈妈："妈妈，今天给我什么奖励啊？"

妈妈愣了一下，问："我为什么要给你奖励？"

阿彩微微一笑，说；"因为我今天没有赖床，一大早就起床了。"

妈妈想了想，阿彩今天的确挺乖的，往常怎么叫都不肯起床，经常迟到进而被老师罚站。"好吧，昨天爸爸拿回来一盒椰子糖，就作为你的奖品吧。"

"谢谢妈妈。"阿彩高兴地接过盒子。

下午放学回家，阿彩一进门就说："妈妈，您要给我奖励。"

"今天早上我不是刚给你吗？怎么又要啊？"妈妈问道。

"早上是早上的，现在是现在的，我一放学就回家，没有和伙伴们去疯玩，您不该奖励我吗？"阿彩理直气壮地说。

妈妈一想，确实，平常女儿放了学总是在外面玩，天黑了才知道回家，"好吧，今天给你做好吃的。"

"哦，妈妈万岁！"阿彩高兴地拍手道。

让妈妈受不了的是，后来阿彩做什么都要奖励，"妈妈，我洗了自己的衣服，要奖励我。""妈妈，我把房间打扫干净了，您要给我奖励。""妈妈，我今天上课认真听讲了，您给我什么奖励呢？"……

起初妈妈都答应她了，后来，妈妈逐渐认识到问题的严重性，便拒绝她说："这是你自己应该做的事情，我没有义务要给你奖励！"

可是阿彩不依不饶地缠着妈妈，非要得到奖励，妈妈被闹得头晕脑涨。为此，妈妈向很多朋友征求意见，但并没有找到有效的解决方法。

故事中的妈妈经常因为一些小事奖励阿彩，于是阿彩便养成了事事都要奖励的坏习惯，从而让妈妈头疼不已。其实，父母给孩子一点奖励并没有错，这样能够调动孩子的积极性，但是不能让孩子依赖奖励。因此，父母在管教孩子时要慎用奖励。

当孩子吵嚷着索要奖励时，父母不能让他形成只要想要奖励就能够得到的意识，这种意识一旦形成，就可能对他以后的成长造成十分不利的影响。

教育专家称，以物质奖励进步的沟通方式在家庭教育中是十大非秩序沟通之一的交易式沟通。这种沟通方式的表现形式是：在沟通过程中呈现交易式的形态，如孩子经常向父母诉说自己付出的辛苦或取得的进步，并向父母索要回报或物质奖励。这种交易式的沟通方式并不能帮助孩子形成正确的人生观和价值观，还容易让孩子形成凡事都要交易的心态，一旦交易结果达不到预期目的则懊恼怨恨，并对父母十分不满，由此导致孩子主观性过强的负面情绪。所以，父母在和孩子沟通的过程中要注意避免采用交易式沟通方式。

孩子是不能溺爱的，持续地满足他的要求会让孩子把物质看得很重。因此，父母尽量采用一些有意义的奖励方式，比如给他一次旅游的机会，或是送给孩子一些简单的小奖品，并且要告诉孩子，给你奖品是因为父母很爱你，希望你能像其他的小朋友一样开心快乐。但是，你要努力地提高自己，这样未来才有能力立足于社会。总之，父母在奖励孩子时要让孩子明白，取得进步是自己的事情，孩子没有权利向父母一味地索要奖品，父母的奖励是为了表达他们对孩子的爱和对孩子取得进步的鼓励。

别让孩子把做家务当成"赚钱"的手段

根据一些比较权威的调查显示，我国的独生子女中，有将近90%的人从未做过或很少做家务劳动。在国外，这种现象是很少见的。孩子在做家务的时候可以感受到来自父母的爱和劳动的快乐。而且当父母因为他们的劳动而给予一定的奖励时，孩子会觉得非常自豪。因此，国外很多父母都会奖励孩子爱劳动的行为。在我国，父母也会奖励爱做家务的孩子，但是，由于奖励不当，很多孩子把做家务看成了赚钱的门道。

　　暑假期间，兰兰通过做家务得到了800多元"工资"。本来女儿懂得做家务了是一件值得高兴的事，但爸爸妈妈决定，以后再也不给她"工资"了，因为他们发现，兰兰做家务只是为了领"工资"。

　　暑假刚开始，妈妈就说："兰兰，从今天起，你要学着做家务了。"

　　"好吧。"兰兰答应得很痛快，而且第一天就做得很认真，为了表扬她，妈妈给了她10元钱。

　　拿到钱以后，兰兰觉得做家务是一个不错的赚钱门路，便高兴地说："妈妈，我每天做点家务，您给我一点'工资'吧。"

　　妈妈觉得合理，就说："好吧。"

　　起初一个星期，兰兰一改往日不做家务的毛病，积极性很高，经常和爸爸妈妈抢着做。

　　一次，妈妈要洗碗，兰兰冲到厨房，把妈妈推到一边说："妈妈，您负责做饭，已经很累了，我来洗碗。"

　　妈妈笑道："嗯，兰兰果然变勤快了，也懂事了。"

　　不过，没过多久，兰兰做家务的兴趣就变得很淡了，而且还经常马马虎虎。

　　"兰兰，你的碗没洗干净，连洗洁精的泡沫都没冲洗干净。"一次，妈妈看了看她的劳动成果，不高兴地说。

　　"差不多就行了，做家务很累的。"兰兰解释道。

　　"你看地上，还有好多印迹没有擦干净，你干活真是不认真。"爸爸也抱怨道。

　　"哎哟，挺干净的，您别这么挑剔。"兰兰有点生气地说，心里还埋怨爸爸不心疼她。

"爸爸妈妈，你们要给我涨'工资'。"一天，兰兰提议道。

"为什么？"

"因为物价上涨了。"兰兰有理地说。

爸爸妈妈意识到了，兰兰并不是真正想要做家务，而是想借此索要更多的钱。

故事中的爸爸妈妈本来是为了鼓励女儿好好做家务，体会到劳动的快乐，于是给了女儿一点奖励，没想到女儿却把做家务当作了赚钱的手段。出现这样的问题不能完全怪女儿，根本上还是在于爸爸妈妈没有把握好奖励的度。很多父母都觉得，适当奖励一下孩子的劳动是合理的，能够让孩子对劳动者深刻的体会，并享受靠正当劳动获得金钱的快乐，还可以帮助孩子加深对权利与义务的认识，对孩子的成长是很有益的。

有的父母把家务活儿分成了两种，一种是孩子应当做的，比如年龄较大的孩子自己洗衣服、收拾房间、整理衣柜，等等，这些是家务都是他们应当做的，父母不需要给以奖励。另一种是孩子额外做的，比如给父母做一顿饭、洗一次衣服，帮父母进行大扫除，等等，相对于平时的家务，这个难度就要大一些，需要孩子付出更多的劳动，因此，父母可以考虑给予孩子适当的奖励。日常生活中如洗菜、扫地等简单的家务，父母最好让孩子和自己共同参与，如果孩子超额、超质量完成，父母不妨给予一定的鼓励，这样能够激起孩子做家务的热情。

让孩子做家务，除了能够让孩子体会劳动的快乐外，还有很多好处。一是可以帮父母分担家务劳动，减轻父母的负担；二是能让孩子提高实践能力、增加生活经验。由此来对孩子进行奖励，能够激发孩子主动参与劳

动的热情，但父母要把握好分寸，不能让孩子把做家务当作获取金钱或者其他物质奖励的手段，更不应让孩子认为做家务是挣钱的方式。所以，父母不能一味地用钱刺激孩子劳动，这样做是弊大于利，容易让父母和孩子间变成买卖关系，不利于培养孩子的责任心。

其实，鼓励孩子做家务的办法有很多。首先，父母可以引导孩子慢慢喜欢上做家务。作为孩子的第一任老师，父母应树立榜样，自己认真做家务，而且还要让孩子一起劳动，让其感受到和家人一起劳动的快乐，孩子表现良好时，父母还要给予表扬，鼓励孩子继续努力。其次，父母要培养孩子生活自理的习惯，如整理个人房间、做饭、洗衣服等。当然，孩子毕竟还是需要鼓励的，做了一些家务后，给他们一点小礼物，或带孩子出去玩，让他们感觉到，做家务是一件值得肯定的事情，自己要保持这个好习惯。

总之，任何事情都要把握好度，奖励孩子做家务也是一样，关键是如何在寓教于乐中教会孩子做家务，让孩子养成爱劳动的好习惯。

第四章　父母要做孩子学习的好榜样

父母有学问，孩子更上进

父母是孩子的第一任老师，对孩子的影响是巨大的。如果父母有学问，孩子就会对父母产生一种崇拜心理，从而爱上学习，成长为上进的孩子的。而现在很多父母很少会用心去思考这个问题，当孩子的学习出现问题，只会把一切问题往孩子身上推。

从小到大，楠楠一直很佩服自己的父母，因为他们好像什么都知道。自己不懂的事，他们都能为自己解答，自己有什么困惑疑问，也能与他们讨论商量，而且不管什么事，在与他们交流过后总能豁然开朗。

楠楠仍能清楚地记得，牙牙学语时，父母会告诉自己什么是太阳月亮，怎么叫爸爸妈妈；刚上小学时，父母会一笔一画地教自己写自己的名字；六年级时，父母能为自己讲解深奥难懂的奥数题，还有语法规律不同于普通话的古文；在初中阅读名著后，自己能与父母深入讨论书中的人物和故事情节。

楠楠觉得，在与父母的交流中，自己学会了很多。比如理解故事更透彻，思维更缜密，见解更独到。而且，父母的那种充满学识的气质也令楠楠很向往。

楠楠很希望自己以后也能成为父母一样有学问的人。所以，她从小就勤奋好学，尤其喜欢看书。在学习中有不明白的地方，楠楠总会拿去请教父母，与父母讨论解决。每次看完一本新书，她也总是迫不及待地向父母讲述自己的看法，与父母分析其中的道理。在学习上有了什么较大的进步，楠楠也总是高兴地与父母分享。

看到楠楠的进步和成长，楠楠的父母非常欣慰。其实，他们自己的文化程度也并不是特别高，但为了能更好地培养楠楠，让她成长为一个高素质、高学问的优秀的人，他们就先努力用知识武装自己，以此来影响楠楠，激励楠楠学习成长，并且楠楠的父母为此也感到很自豪，因为他们的教育方法看起来很成功。

父母对孩子各方面的影响是非常大的。如果父母很有学问，则孩子相对来说会成为爱学习、求上进的孩子。那么为什么父母素质的高低会对孩子有这么大的影响呢？

父母是自孩子呱呱坠地后接触最多，也是最亲密的人。是父母教会了孩子最初的知识，也是父母在孩子的成长过程中为孩子遮风挡雨，为孩子指引方向。所以，父母通常是孩子最崇拜的人，孩子会不自觉地学习模仿父母的行为、生活方式，努力向父母看齐，渴望达到和父母一样的高度。如果父母有很高的学问，由此，种种的学识气度势必会在生活环境中留下很多痕迹，对环境进行好的影响。那么在这样一种高素质、高学问的环境中成长的孩子，必定会耳濡目染，成为一个符合这种环境的人。晏子的那句生于淮南则为橘，生于淮北则为枳的话就是最恰当的比喻。

在孩子遇到不清楚的问题时，如果父母有较高的学识修养，就可以很快地解决孩子的疑问，并用很巧妙的方法让孩子明白解决问题的关键点和重点；如果父母的学识修养不高，则父母就无法帮助孩子解决问题，或只能用很低级、很不恰当的方法解决。相比之下，很容易看出有高学识的父母对孩子成长的重要性。

所以，父母应尽量成为一个优秀的有学问的人，并尽力影响孩子，使之健康成长。

父母对孩子的问题的确有一定的独到见解和看法，且见解应客观公正。父母不能不懂装懂，根据自己的想法凭感觉来一通长篇大论，以此来提高自己在孩子心中的地位，这样很容易误导孩子。

当时，任何人都不是全能的，所以面对孩子的提问，再有学识的父母也一定会有无法解答的问题。那么面对这种状况，父母可以这样跟孩子说："先让爸爸妈妈看看书，查查资料，明天再告诉你好吗？"这样父母既不会因准备不充分而不能很好地解决孩子的疑问，也能让孩子明白可以在书中寻找答案。

同时，父母还应注意随时充电，补充知识。这样既能提高自己的思想境界和知识水平，也能为孩子做好的表率，让孩子明白高的学问是在持之以恒的学习中获得的。此外，父母还需要在以下两方面引导孩子。

第一，父母应保持并展示自己的优势。

露露的父亲是一位语文老师，非常爱好古典文学。他买了很多文学典籍，并专门辟出一间书房来放书，这些典籍中多为古典诗词，甚至露露的父亲还拥有一本自己写的诗集，可以说，露露的父亲是老师圈子中一位小有名气的"诗人"。露露一直很佩服自己的父亲，也因

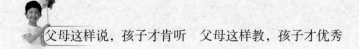

此很喜欢古典文学，便总是缠在父亲身边让父亲教她古诗词，所以可以说露露是在这些古诗词中泡大的。父女俩经常在书房中，和着音乐一吟一诵，不亦乐乎。在父亲的影响下，露露也成了同学中赫赫有名的小才女。

每位父母都有自身的优势。有的父母可能在学习上不太擅长，但却有钻研的精神，这也很令人敬佩；有的父母可能记性很好，学过的知识点在哪里都能很清楚地记得；有的父母可能对某一学科感兴趣并相当擅长，比如对数字敏感，所以很喜欢数学，或对文字感兴趣，所以写作很厉害，等等。

父母可以发挥自己的优势，彼此互相补充，各自负责孩子学习中自己擅长的部分。这样一来，父母能在孩子面前充分展示自己的长处，能在孩子心中树立起高大的形象，让孩子主动向父母看齐，学习父母优秀卓越的一面。

第二，让孩子明白学问是从学习中得来的。父母要告诉孩子，要想拥有很高的学问，必须要多读书、读好书。书是前人人生经验和思想精髓的凝练和总结，要想提高自己的思想境界，见识更广阔的世界，读书是非常重要的途径。父母可以首先做到身体力行，以自身的行为告诉孩子要爱读书，其次可以给孩子讲述一些有关名人读书的事，告诉孩子这些读了丰富的书籍的人以后取得的成就，以此来鼓励孩子读书。

父母还要注意应告诉孩子思考和学习的重要性，如果只是一味地读书，却不加思考和吸收，那也是在浪费时间，正如孔子所言："学而不思则罔。"

总之，深厚的学识积淀不是凭空得来的，是在日常的学习读书中一点点积累起来的，是在生活实践中一点点磨砺出来的。这一点，父母务必要使孩子明白。

陪孩子一起学习

我们都知道，学习是自己的事情。现在，有越来越多的父母认为，一旦孩子的学习出现问题，那肯定就是孩子没有用心学习，没有端正自己的学习态度。其实，很多时候，孩子不学习，父母也责任重大。

林恺的父母希望成为开明的父母，所以他们对正在读初二的儿子林恺一直采取的都是放任自由的教育措施，他们希望能培养林恺独立自主的学习能力。可是林恺刚上初二没多久，他们就接到了林恺班主任的电话，班主任认为林恺在学习上太自由散漫了，他希望他们多多督促林恺的学习。

父母反思了自己之前对林恺的放任行为，开始轮流监督林恺的学习。他们时不时进入林恺的房中，看他有没有在写作业，或问问他在做什么，如果看到他在写作业、学习的话就夸奖他几句；如果看到他没写作业的话，就说些要好好学习抓紧时间之类的话。处在青春叛逆期的林恺对父母这样的行为很反感，想出各种办法来应付父母，学习一点也没抓紧。

看到林恺并没有因自己的督促而改变，林恺的父母很着急。在上网查找资料，并询问了专家学者后，他们决定陪林恺一起学习。就这

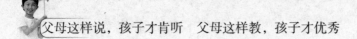

样，一家三口将各自不了解的或感兴趣的事情放在一起讨论，共同学习，互相鼓励，一起增长知识。

在这样的一起学习的氛围当中，林恺慢慢对学习有了兴趣，他变得稳重踏实，在学习上遇到不懂的地方就查书或请教老师、父母。同时，爸爸和林恺还发现他们父子俩都对哲学很感兴趣，于是闲暇时间，父子二人经常凑在一起辩论交流，一家人的感情也因为交流亲近不少。

很明显，林恺的父母之前的放任式及监督式的教育方式是不太合理的，后来的陪同式教育才真正地激发了林恺的学习兴趣。林恺这一年龄段的孩子正处在青春叛逆期，过于放任会让他们自由散漫，严格监督又会让他们心生逆反。而陪同式学习不但不会会导致以上问题的出现，还能让父母在学习上给孩子一定的指导。所以，对于处在青春期的孩子，陪他们一起学习是一种非常好的教育方式。

这里需要注意的是，学习的内容既可以是孩子课本的基础知识，也可以是父母专业方面的知识，还可以是父母和孩子各自感兴趣的事情，就像上述事例中林恺和他的父母一样，一家人可以把自己不了解的问题或感兴趣的事情提出来，相互交流，一起学习。像这样陪孩子一起学习的好处有很多。

第一，陪孩子一起学习这种教育方式，可以给孩子带来一种平等的感觉。不会让孩子有过大的心理压力，也不会让孩子毫无压力处于完全懈怠的状态。

第二，在父母陪孩子一起学习时，父母可以发现孩子学习中的问题，方便父母督促孩子尽快填补知识薄弱不足的地方。

第三，与孩子一起学习，不管学的是课本上的知识，还是工作、生活上的知识，或是感兴趣的知识，对孩子来说都是有用的。因为这些知识在积累到一定的量后，就会对孩子产生一定的影响，从而获得质的飞跃。同时，这样的学习对父母自身知识的积累也有很大的帮助。

因此，如果父母希望孩子能够对学习保有一份热情和自觉，就不应该做只关心孩子衣食住行和学习成绩的人，也不能做只要求孩子好好学习，自己却不求上进的人，而是应当陪孩子一起学习，一起进步。

那么如何正确、更有效果地陪同孩子一起学习呢？以下几点建议可供参考。

第一，在学习时与孩子保持合适的距离。父母在陪同孩子学习时要注意，不要与孩子的距离拉得太近。比如，尽量不要和孩子并排在同一张桌子上学习，因为过近的距离会让孩子变得很敏感，认为父母能感受到自己的一举一动，这反而不利于孩子思考问题。

与此同时，父母需要明白的是，这种陪同式学习并不是监视式学习。父母要做的不是时时刻刻守在孩子身边，分秒不离地陪同，而是更注重对学习氛围的营造，让孩子能够感受到在自己学习的道路上有父母的陪同和支持。

所以，父母在陪同孩子学习时应和孩子保持合理的距离。我们的建议是，父母与孩子各占据房间一角，这样既不会相互影响、打扰，也能够感受到相互间的陪同，孩子有什么疑问也能很快找到父母解决。

第二，让孩子看到父母对学习的热情。父母与孩子一起学习，不能单纯只是为了陪孩子。单纯的陪同会让父母觉得劳累且无趣，也会让孩子备受压抑。父母应该用一片对知识发自内心的热爱和渴望之情来与孩子一起学习，并让孩子看到父母对学习的热情。看到对学习充满热情的父母，孩

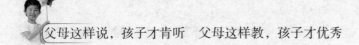

子会不由自主地受到感染，从而自然地引发对学习的动力。

与此同时，父母要认识到，想要改变孩子，首先应当改变自己。因为榜样的力量是很大的，它能激励和改变一个人，它的作用比口头的督促强很多。所以，在新事物，新知识面前，父母应当主动地、充满热情地把自己和孩子放在同一起跑线上，与孩子一起学习，自觉地做乐学、善学，给孩子起好表率作用的父母。

比如，曾经就有这样一对父母，从孩子上小学一年级起，一直充满热情地陪孩子一起学习，直到孩子考上大学。父母也从大字不识一个，变为和孩子一起拿到了大学文凭的人。孩子更是在父母的激励下顺利拿到了硕士、博士学位。由此可以看出父母陪孩子一起学习，对孩子甚至是父母的进步有着多么重要的推进作用。父母在学习中增长了知识，孩子看到父母对学习抱有这么大的热情，更会受到激励，倍加学习努力。

第三，要多与孩子进行讨论。讨论是发现问题、掌握知识、运用知识的一种非常好的手段，所以父母应多与孩子就学到的知识进行讨论。在孩子完成了作业和学到了新知识后，父母可以主动与孩子交流，与孩子讨论作业的难易，让孩子讲述对新知识的理解，与孩子讨论对新知识的运用。这样做，父母可以洞察孩子在完成作业和掌握知识中的不足，也能反观自己对知识掌握上的不足，同时还能督促孩子及时填补知识的不足，督促孩子更好地掌握知识。

父母学到新知识后，也可以与孩子进行讨论。因为孩子以后很可能也会面临同样的问题，需要此类的知识去解决。所以多就各方面问题进行讨论，能让孩子在日常轻松的交流中学到更多知识，完善知识体系，为未来生活打好基础。

父母或孩子对某一问题有困惑时，也可以一起讨论。大人与孩子的思维方式不同，因此从不同的角度就这一问题进行讨论，能让彼此看到对这一问题的不同的思考方式与思考角度，进而使得父母和孩子双方都能有所收获。

营造和谐氛围，让孩子健康成长

不管是在日常生活中，还是在孩子的学习过程中，父母的信任对孩子而言是十分重要的。有了父母的信任，调皮不爱学习的孩子可能会爱上学习，而本来学习不错的孩子如果没有父母的信任，成绩有可能就会一落千丈。

今年上小学六年级的超超很贪玩，在别的小朋友学习的时候，超超总是在干其他事情，学习成绩自然不理想。

这一天，老师将上次测验的卷子发给大家，超超看了一眼分数就将卷子放进书包里。放学回家后，妈妈问超超："超超，这次考试考得怎么样？"

"卷子在书包里。"超超说完去看电视了。妈妈将卷子找出来，看到上面写着"55"的分数，顿时很生气。于是妈妈转身走到电视机前将电视关掉，大声对超超说："超超，我们这么辛苦地工作供你读书，你就考这么低的分数来回报我们！你看看二楼的小雪，次次考试都在前几名，你什么时候能考好了让妈妈能在别人面前抬得起头？"

超超很生气地反驳妈妈："为什么每次都提小雪，我不是小雪，

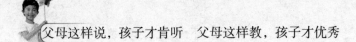

我就是不爱学习。"说完转身进了自己房间。超超在之后的学习中更加不上心了，依然调皮捣蛋，我行我素，越来越让老师和父母头疼了。

在上面的故事中，妈妈希望超超能在学习方面多努力，争取成为像小雪一样优秀的孩子。对此，妈妈用小雪前几名的考试排名与超超较低的考试分数进行比较，目的是想激励超超好好学习。但是，妈妈的这种行为却使超超的自尊心受到了打击。如果妈妈经常这样数落超超，长此以往，超超的自尊心会受到挫伤，在学习上更加不上进。

如果父母长期用这类语言对孩子进行指责，孩子就会自暴自弃。因此，父母在教育孩子时也要照顾到他的自尊心，最好不要总将自己孩子的缺点和其他孩子的优点相比，以免对孩子的性格养成产生消极影响。

在心理学上有一个名词，叫"南风效应"，说的是南风和北风比赛，看谁能先让路人脱掉身上的大衣，于是北风哗哗地吹，寒风刺骨，可人们却一边裹紧大衣，一边骂着这鬼天气。南风则徐徐吹动，将暖风带到人们身边，让人们感到温暖，很多人感到很热，就纷纷将大衣脱掉了。最终，南风获得了胜利。"南风效应"告诉我们，温暖胜于严寒。所以说，父母的鼓励和信任是对孩子最好的关心。同样，孩子也期望得到父母的肯定。如果父母能够在生活中发现孩子的优点，不断鼓励孩子克服困难，孩子就一定能够积极成长。

在孩子的学习过程中，父母不要过于吝啬对孩子的鼓励。面对优秀的孩子，父母不仅要适当地表扬，更要鼓励孩子不断进步，进而挑战自己，精益求精。而面对成绩不理想的孩子，父母更应该鼓励孩子，帮助孩子在学习上树立信心。下面几点建议供父母参考。

第一，父母不随便批评孩子。

今年上五年级的小龙非常调皮捣蛋，学习成绩也不好，期末考完试以后，班里要开家长会。家长会结束之后，小龙很担心，怕妈妈知道自己的在学校的表现后会批评自己。与此同时，老师专门找了小龙妈妈谈话，将小龙的学习成绩以及他的在校表现告诉她，并且委婉地建议小龙妈妈回去和小龙交流一下，让他认识到学习的重要性，不要终日贪玩。

小龙妈妈很头疼，对这个孩子，打骂斥责都没有任何效果。小龙妈妈决定听从老师的建议，改变对小龙的教育方式，试试以后适当地多表扬小龙。

妈妈回家之后，将小龙叫到身边，小龙很忐忑，担心妈妈又骂她，没想到妈妈说："你最近表现不错，老师还表扬你了，说你最近比以前进步了，希望你能更加努力，妈妈很开心。"

小龙很惊讶，虽然纳闷，但是也开心了很多。从此，小龙有了很大的转变，不仅学习态度端正了，成绩也越来越好。妈妈看到小龙的转变，惊喜不已，表扬了小龙取得的成绩。

小龙的妈妈反思以前自己对孩子的教育中存在的问题，认识到不断批评孩子并没有达到让孩子好好学习的目的，适当地表扬孩子反而取得了意想不到的效果。

如果父母想要改变教育方式，不随意批评打骂孩子，首先就要找出孩子存在的问题，让孩子认识到错误。其次还要通过鼓励孩子端正孩子的学习态度，使孩子感受到父母的信任，由此孩子才能进步。除此之外，父母

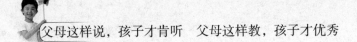

还要做到以下两点。

第一，要经常适当地赞美孩子。

读三年级的小洁每年都是班里的三好学生，因为表现好，她受到了周围同学老师的喜欢。小洁取得的成绩离不开爸爸妈妈对小洁的教育方式，他们对待孩子以欣赏、表扬为主。例如，小洁考试进步了，妈妈会说："小洁真棒！这次考了90分，下次能不能考更多分数啊？"

小洁在家里帮助妈妈扫地，妈妈会说："小洁扫得真干净，真是妈妈的好帮手！"

小洁见到邻居会大声喊"叔叔阿姨"，妈妈也会夸小洁懂礼貌。

从上例中我们看到，父母经常适当地赞美孩子，孩子长期受到心理暗示，处在一个被欣赏的环境中，自己的内心对于成功的渴望更强烈，在做事情时积极性会更高。所以，父母要给孩子营造一个正面的、积极的环境，对孩子的好的行为适当地赞美、表扬，增强孩子的自信心，使孩子愿意做，敢于做。

第二，要加强与孩子的沟通。很多时候，父母和孩子之间互相不信任是沟通少造成的。父母和孩子之间互相不了解，不知道内心真实的想法，就会产生误解。

例如，有的时候孩子出于害怕担心的心理，在考试考不好的时候，怕父母责骂，不主动将成绩单拿给父母看。父母这时候就要和孩子加强沟通，告诉孩子考不好没关系，但是要继续努力。有的时候孩子又因为害羞，不愿意和父母诉说困扰自己的问题，父母要注意观察孩子，还要以和孩子做朋友的心态与孩子沟通，帮助孩子解决难题。

总之，父母要信任孩子，给孩子一定的空间和时间，让孩子敢于尝试，相信自己。当孩子成功后，父母要表扬孩子，表达对孩子的欣赏与赞美。这样，孩子就会和父母建立起和谐的朋友关系，孩子更愿意向父母诉说自己的心里话，这种信任是非常宝贵的。

父母多动脑，带动孩子学会思考

很多父母会认为，在学习这件事情上，让孩子自己积极主动地去学习就足够了，父母不需要在其中参与过多。但爱思考、喜欢动脑子的父母，对孩子的影响还是很大的。父母爱思考，孩子也会变得喜欢动脑筋的。

今年读初一的小松性格比较内向，学习成绩一直在中下游徘徊。妈妈希望小松能够进入优等生的行列中，于是就给小松报了几个辅导班。但是上了一段时间课之后，小松的成绩依然没有起色。

妈妈向老师询问小松在课上的学习状态，老师告诉小松妈妈："小松上课时太被动了，老师讲课时他不动脑筋，做题时也很死板，只会套公式，稍微变换题型就不会了。"

小松妈妈对此也很无奈，经常对小松说要多动脑筋，多思考，做题时要灵活，但是小松在做题时还是效果欠佳。没有办法，妈妈只能让小松采用最耗时的学习办法，从书店给小松买来大量的习题。小松为了完成妈妈布置的学习任务，每天都要加班加点学习，甚至周末也

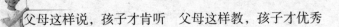

没有玩耍时间，但是遇到陌生的题还是一筹莫展。

类似小松这样的孩子，在学习中存在着一种思维惰性，不愿意动脑筋去思考，只是被动地接受。老师讲授多少他就学多少，从不主动思考，导致学习时效率较低。古人云："学而不思则罔。"之所以会出现这种情况，是因为孩子在学习过程中没有摸索出规律方法，不会灵活地学习。

有些孩子在学习中或许没有投入很多时间，可是成绩却很好，总结起来，其中最重要的一个原因就是这些孩子知道怎么学习。他们在学习过程中注意力集中，课堂上积极与老师互动，时刻跟随老师的思路不间断地思考。在课堂上思考问题的过程其实是掌握知识的过程，唯有思考过后才知道自己对知识的掌握程度。这样才能在有限的时间内高效率地将知识掌握，课堂之外不需要再花费太多时间就可以取得好成绩。这些会思考的孩子还拥有灵活的做题思路，做题时更是得心应手。

因此，父母要教孩子学会思考，使孩子能带着问题去学习。一些孩子能够顺利完成听课的环节，而在具体的思考环节却犯了难。那么，孩子面对不懂的问题又如何解决呢？我们在学习中常说举一反三，最好的方法是孩子通过做不同的题型加深对同一个知识点的掌握，同时将所做习题与老师讲的例题作对比，从中找到差异，就能在看到不同题型时随之转换不同的思路。

在面对死板的孩子时，父母要帮助孩子养成会思考的好习惯，做事情之前问个为什么，进而带着问题去学习。如果父母给孩子布置任务只是单纯地要求他完成，孩子就会只求速度不求质量。这样做的后果就是孩子在完成任务时不讲究方式方法，不思考，难以寻得捷径。而勤于思考的孩子会提前做好准备，仔细权衡之后再动手做，这样可以更加顺利地达到目的，取得成功。

培养孩子的思维能力，父母可以从以下几个方面去尝试：

第一，培养孩子的观察能力。观察力敏锐的孩子思维一般很活跃，孩子在面对同样的事物时能看到别人看不到的细节。这个观察的过程实则是孩子思考的过程，有利于提升孩子的思考能力。

父母可以引导孩子进行观察。例如，当孩子每天写日记时，父母帮助孩子先观察一天中重要的、精彩的事情，之后再让孩子记录在纸上，由此培养孩子的观察意识。而当孩子有了这种观察意识后，会更加关注生活中一点一滴的变化，对周围环境等因素仔细观察，这样观察能力就会得以提升。

父母在旁边引导孩子观察的过程其实是带领孩子进行思考的过程，可以培养孩子在思考问题时能有清晰的思路。

第二，锻炼孩子的反应能力。有些孩子不是不思考，有可能是反应慢，加之老师有时讲课较快，孩子会跟不上，面对这种情况，父母要注意培养孩子的反应能力。孩子对事情反应快，思维敏捷，大脑处在快速的运转中，对事物的思考就会连贯迅速。

父母在日常生活中可以和孩子进行一些球类运动，比如说乒乓球、羽毛球，这些球类运动需要孩子集中注意力，并且需很快地对别人的反击进行回应，孩子长期进行类似的锻炼，会使大脑处在一个活跃的状态中，在对问题进行思考时，大脑也会很快地予以回应。这样，孩子在上课时就会更积极地对老师提出的疑问进行思考，对新知识的领悟能力更强。

第三，增强孩子的独立性。明智的父母在面对孩子的问题时，不会直接告诉孩子答案，而是教给孩子解决问题的办法。例如，孩子在阅读时遇到不认识的字，父母可以先告诉孩子怎么查字典，等查到这个字之后，让

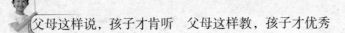

孩子从字形到读音都熟悉了，再让孩子了解其意思并用它组词、造句，这样就会让孩子印象深刻。

总之，父母在日常生活中可以多方面锻炼孩子独立解决问题的能力，遇事后首先思考。等孩子具备一定的能力和经验时，他会积极对待问题，思考更简便的方法解决问题。

没有学不会的知识，只有不恰当的学习方法

经常有父母抱怨自己的孩子脑子笨，学校教的基本知识都学不会。其实不是孩子学不会，而是每个孩子适合的学习方法不一样。父母的任务，就是帮助孩子找到适当的学习方法，让孩子轻松应对学习。

林爸爸有一对双胞胎女儿，姐姐叫晓玉，妹妹叫晓琳。今年姐妹俩都进入了中学，成为县一中的学生。可是近来林爸爸却很头疼，因为晓琳在进入初中后，学习成绩下降得很快。

姐妹俩的性格不太相像，姐姐安静，喜欢看书，能很有耐心地捧着书看上一整天，而且记忆力很好，年纪不大就已经可以背很多诗了；妹妹则不同，从小就像个男孩子，喜欢爬高上低，没一刻能安静下来，更不用说捧着一本满是文字的书看一天。

林爸爸和林妈妈一直教导小女儿要向姐姐学习。他们强迫她每天都必须连续几个小时老老实实地学习或者看书、背诵。因为他们想把小女儿也教育成和大女儿一样安静、乖巧的女孩。小学时，晓琳

向姐姐学习，每天都趴在桌子上看书，可不同的是，晓玉看书看得很开心，学到了很多，成绩也很好；但晓琳则每每到学习时都如坐针毡，非常痛苦，而且收效甚微，成绩只能勉强及格。到了中学，学习节奏加快了，晓琳就明显跟不上了，成绩下降得很快，所以父母非常着急。

在期末考试后的一次家长会上，林爸爸很焦急地向姐妹俩的班主任请教为什么妹妹总是不如姐姐安静、聪明。班主任认真地告诉林爸爸："您为什么一定就认为晓琳不如晓玉呢？晓琳其实非常聪明，比如在逻辑性很强的数学课上，很多同学想不到的方法，晓琳总能很快想出来。这说明晓琳的逻辑思维能力很强，脑筋也很灵活，这是晓琳的优点，而且这个优点是晓玉所不具备的。"

林爸爸有些诧异地看着班主任："那按照您的说法，晓玉反而应该学习晓琳吗？"

班主任微笑着说："并不能这样说，因为晓玉的优点也是显而易见的，她喜欢看书，记忆力好，这个优点是略有些急躁的晓琳所不具备的。"

看到林爸爸陷入思考，班主任顿了顿，继续说道："也就是说，两个孩子都是很优秀的，但她们优秀的方面不是一样的，您不能拿同一条标准去要求两个不同的孩子，而是应该针对她们不同的优点长处找到适合她们各自的学习方法。"

林爸爸茅塞顿开，他决定改变对晓琳的教育方式。

事例中的晓琳活泼好动、善于跳跃思维的她并不适合安静地捧着书，自己去钻研。所以，强行要求她做到安静看书，自主学习，很难有大的成

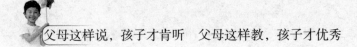

效，而晓玉用这种学习方法则能取得很大的进步。由此可见，帮孩子找到一个适合自身性格特点的学习方法，是非常重要的。

孩子的性格不同，会在学习上有很明显的体现。比如有的孩子安静沉稳，能连续很久地待在一个角落里看书，这样的孩子一般记忆力都比较好，在学习上更踏实，也更有耐心，但容易死读书；有的孩子机灵活泼，伶俐好动，这样的孩子一般逻辑思维能力很强，在学习上领悟性较高，能举一反三；有的孩子精力旺盛，积极主动，这样的孩子能热情地对待学习，积极探索，但可能持久性不强；有的孩子羞涩内向，孤僻敏感，这样的孩子观察力很强，对文字、数字等要求细致认真等的东西很敏感，但羞于表达，很容易感到不自信。

孩子的类型和性格不同，在学习上擅长的方面也不同。所以，要苛求一类孩子在自己的弱项上达到另一类孩子的强项的水平是不现实的。比如让一个擅长逻辑思维的孩子捧着一本书，用死记硬背的方式去学习，效果肯定不会好。所以父母不能用适合于别人的学习方式来要求自己的孩子，也不能用自认为好的学习方式来要求孩子，而是应帮助孩子分析自身特点，寻找适合于孩子自身的学习方式。

父母应如何帮助孩子找到适合的学习方法呢？以下几点建议可供参考。

第一，相信孩子没有优秀和平庸的差别。父母首先要相信，所有的孩子都是优秀的。不同类型的孩子之间没有优秀和平庸的差别，他们都有各自擅长的方面，只不过有些展现在了大家的眼前，有些没有为众人所知。要想让孩子展示出他优秀的一面，就要看有没有找到一种适合的方法。

父母最不应该做的就是在孩子还没有找到并掌握适合自己的学习方法时，仅仅以学习成绩断定孩子的能力，贬低成绩不佳的孩子，否定他的能力。比如，有的父母总会在孩子面前夸赞别人家的孩子，说一些孩子不如别人的话。这些话不但不能激励孩子，让孩子向父母所希望的方向发展，还会打击孩子的自信心，甚至让孩子丧失上进的动力，进而放弃发掘自己的优点和长处，放弃寻找适合自己的学习方法。

当然，父母也不能过于溺爱自己的孩子，一味地认为自己的孩子就是最棒的，自己的孩子一定是正确的，甚至孩子使用错误的学习方法也不闻不问，只要求孩子有好的成绩。比如，有的孩子会通过抄袭来换取好成绩，或不认真听课，单纯依靠补习班来提高自己的成绩。这些学习方法都是不正确的，也必定不适合孩子。

只有父母既不溺爱孩子，也不贬低孩子，而是以客观的眼光肯定孩子的能力时，父母才能不失偏颇地了解孩子，进而帮孩子找到合适的学习方法，让孩子发挥出自己的能力，取得更大的进步。

第二，父母应深入了解孩子性格特点。父母在坚定地相信自己的孩子很优秀的基础上，要更加深入地了解孩子，包括了解孩子的性格特点，以及孩子因性格特点不同而导致的不同的学习方式，了解孩子在学习上擅长的方面及孩子的学习中的短板。只有在深入了解了孩子之后，父母才能对症下药，因势利导地教育孩子，也才能在此基础上帮助孩子找到适合的学习方法。

同时，父母要细心观察孩子，不要理所当然地按照自己的想法来认定孩子想法，而是应该通过日常生活中细致的观察，发现孩子在日常生活中所体现出的性格特点，以及学习时的特点。

父母还应该和孩子多进行交流。通过孩子自己的诉说，来了解他的想法，并以此来认识孩子的性格特点，以及擅长与不足之处。

父母还可以通过孩子的朋友了解孩子。孩子总会找和自己相像的、有

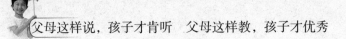

共同话题的朋友一起玩耍，所以，通过了解孩子的朋友、孩子关系好的同学，同样可以了解孩子的性格特点。

第三，帮助孩子找到适合的学习方法。让我们接下来再看看发生在晓玉和晓琳身上的事。

林爸爸从班主任那里了解到了晓琳和晓玉学习的特点后，回来与她们俩交流了很久，清楚地了解了姐妹俩在学习上的擅长之处与不足之处，他没有再强迫晓琳一味地学习晓玉，而是在与晓琳商量后，为晓琳买了一些题册，因为晓琳认为自己并不适合一直抱着书从头啃到尾这种学习方式，她认为自己更适合在做题时进行主动思考，逐步拓宽思路，举一反三地来联系课本的这种学习方式。而对晓玉，林爸爸则又为晓玉购买了很多书籍，包括辅导书及晓玉感兴趣的诗词散文，因为晓玉认为自己适合独自钻研的学习方式。晓玉和晓琳用各自的方法学习了一段时间后，晓玉的成绩依旧很稳定地排在前列，晓琳则有了很大的进步。

父母在了解到孩子的性格特点、学习中的擅长与不足之处后，就应该针对孩子的特点，制订适合孩子的学习计划，商定学习方法。

制订学习计划时，建议父母与孩子一起商量。因为只有孩子自己最清楚自己的长处、短处等学习上的要素。与孩子一起商量学习方法，不会让孩子产生被动的不良情绪，而且能让孩子有自己掌控学习节奏的成就感。

父母还应该与老师保持良好的沟通。老师是除了父母之外与孩子接触最多的人，而且老师是受过专业培训的教育者，所以，老师能更直接迅速地掌握孩子的情况，也能从更专业的角度分析孩子的特点。父母加强与老师的沟通联系，既能让老师和父母相互了解到更多关于孩子的情况，老师也能为父母提供更专业、更适合的教育方法，以及对于孩子来说更合理的学习方式。

第五章　在孩子面前
做善于控制情绪的父母

高兴过度让孩子容易得意忘形

很多时候，父母觉得孩子还小，不会对周围的情绪变化有太大的反应。其实不然，孩子的感知力比父母想象中要更加强大、更加细腻。如果父母经常得意忘形，孩子也会感受到，并受父母的影响，无法控制自己的情绪，在遇到高兴的事情时，很容易得意忘形。

韵之是家里的独生女，从小聪明可爱。父母一直以来很注重对孩子的教育，在韵之上小学一年级的时候，父母便开始刻意培养她的兴趣爱好，例如钢琴、书画等。虽然花费有些大，但是父母看着韵之变得越来越优秀，觉得自己的辛苦都是值得的。

有时候，韵之的父母和朋友聊天时会谈到孩子的教育问题。朋友问韵之的妈妈："你让孩子参加这么多特长班，不怕累坏孩子吗？"

韵之的妈妈笑了起来，开心地说："孩子还小，我们也不知道她自己喜欢什么，擅长什么，多让孩子参加几个兴趣班等于是培养和激发她的天赋了。现在我们也不要求孩子做得多么出色，只要她以后能有一两样学习之外的特长就好。"

渐渐地，韵之长大了，上了小学五年级。在学校里，韵之已经成为一个很优秀的学生，只要一提到她，同学们都会想到韵之多才多艺，不仅成绩好，而且会弹钢琴，也会跳舞。老师们也认为韵之成绩好，写得一手好字。看到孩子在学校表现优异，韵之的父母也很开心，经常在朋友面前大谈自己教育孩子的经验，说自己是如何培养孩子的兴趣爱好，激励孩子好好学习的。有时候，如果家里来了客人，韵之会被要求在客人面前当场跳一段舞，弹一段钢琴等。

小学升初中的时候，韵之进入了当地的重点中学，这让她的妈妈非常开心，逢人便说自己家的孩子如何如何优秀。一开始，韵之会觉得不好意思，后来习惯了，韵之开始有些骄傲和自满，甚至是得意忘形。有一次，韵之爸爸的一个朋友从外地过来出差，顺便来看看韵之一家人。在谈到孩子的教育问题时，韵之表现得异常兴奋，滔滔不绝地说起了父母对自己的教育，顺便问了爸爸的这个朋友家的孩子是不是也很优秀。如果不优秀的话，那应该就是教育方式不好，或者孩子很笨。

韵之的一席话，让父母和朋友都感到非常尴尬，本来好好的一场聚会，结果不欢而散。

后来，韵之的父母越来越觉得孩子有些得意忘形，可是孩子为什么会这样？该如何帮助孩子改掉得意忘形的坏习惯呢？韵之父母不知道该怎么做。

其实，父母是孩子最好的老师。父母的很多行为习惯会直接影响到孩子的性格。例如，上文故事中的韵之的父母，因为在生活中常常会得意忘形地夸耀自己的教育方式，夸耀孩子的特长等。耳濡目染地，韵之也渐渐养成了类似的行为习惯。

得意忘形，指的是因心意得到满足而高兴得失去常态。现代社会中，很多父母和孩子可能都会有这样一个不好的习惯，那就是遇到了事情后常常因为太过于高兴而不顾及他人的感受。一个人出现得意忘形的心理状态是很自然的，从某种程度上来说得意忘形是人的一种本能，是自身欲望在得到满足以后出现的一种极度兴奋的状态。在大多数情况下，得意忘形的心理是可以控制的，比如通过个人的修养提升、他人的提醒，或者进入到某个容易让自己静心的环境中待一段时间等，都可以让这种状态得到缓解和消除。

得意忘形的状态对父母的个人生活和孩子的健康良好性格的培养都是有很危害的。首先，得意忘形很容易让人停止前进的脚步，滋生自满情绪。如果孩子对自己的学习成绩很得意忘形，那么孩子很容易骄傲，不再进步。其次，得意忘形很容易让人陷入情绪不稳定的状态。有了这样的状态，那么在对一件事情有着极度期待与兴奋以后，一旦接下来事情做得不好，很容易陷入极度失望的情绪之中，这样的情绪化对生活和学习都有着很不好的影响。

日常生活中，除了父母不能滋生得意忘形的情绪之外，还应该教导孩子不能这样做。在关于父母如何教导孩子不要陷入得意忘形的情绪，有以下建议供参考：

第一，教育孩子养成良好的行为习惯。孩子在别人面前得意忘形是有多方面原因的，一般来说主要有客观和主观两个方面的原因。从客观上分析，是由于孩子的大脑皮层发育尚不完善，稍加刺激就容易兴奋，而孩子又缺乏自我控制能力。从主观上分析：是孩子的行为习惯较差，不懂得应该怎样面对别人。而且感觉到当着别人的面，父母不好意思训斥自己，因此更加放肆。还有的是孩子表现欲较强，喜欢在众人面前表现，但又不会掌握分寸。这时候，需要父母在平时的生活中多对孩子的行为习惯加以引导和管束，教育孩子养成良好的行为习惯，教孩子学习待人接物的方法及礼貌行为。

习惯的力量是很大的，一旦孩子养成了良好的习惯，即使遇到了很高兴的事情，孩子也会理智、冷静和客观地对待。

第二，明确告诉孩子哪些能做，哪些不能做。处于小学和初中时期的很多孩子在世界观、人生观和价值观方面没有成熟，父母对孩子的表现可以做出一些评判和标准。明确地告诉孩子哪些能做，哪些不能做。这样，孩子的心里便会知道有些表现是不好的，以后不能再继续做了。

当家中来了客人，孩子在客人面前出现得意忘形的行为时，父母应当及时纠正和制止，并在客人离去后与孩子讲道理，让孩子知道对错，明白自己做得不对的地方。

第三，给孩子适当展示自己的机会，让孩子知道付出背后的艰辛。孩子有强烈的表现欲望并不是坏事，父母可以在这方面对孩子予以适当的引导。例如，带孩子参加一些比赛、一些活动等，让孩子尽情发挥自己的才艺。同时父母也要让孩子感受到每一份收获都是有付出的，要学会看到背后的辛苦，不要一味地赞美自己光鲜亮丽的那一面。

另外，父母也可以多对孩子说说别人付出，让孩子学会看到别人的长处，明白每一个人的成功都是经过努力的道理。

父母不动怒，孩子更理智

　　父母的情绪对孩子的影响是巨大的，如果父母经常发火动怒，不仅会使孩子变得容易生气，遇到事情情绪波动较大，还会让孩子变得不理智，不管是遇到好事还是坏事，都不能积极明智地处理。

　　道若今年上小学二年级，聪明伶俐，性格外向活泼。道若的父母对孩子寄予了很大的期望，希望道若长大后可以出人头地，做出一番事业。

　　道若一年级的时候，父母给他报了武术班，一是希望孩子强身健体，二是希望通过武术把孩子锻炼成一个真正的男子汉。与此同时，父母对道若的学习也没有放松，无论父母每天下班回家有多晚，都不忘检查道若的作业，看看哪里做得不够好，哪里需要改正。父母的苦心没有白费，从一年级到小学毕业，道若的考试成绩一直稳定在学校前三名。如果道若哪次考试成绩不理想，会招来爸爸严厉的批评，道若会更加努力学习，下次考试往往可以考出更好的结果。最终，道若以班级第一名的成绩从小学毕业。

　　在道若的父母看来，孩子的成长需要自己严厉的教育，虽然自己有时候表达的方式粗暴了一些，终究是为了孩子好。

　　14岁那年，道若上了初中。父母觉得，道若在小学时成绩这么优秀，初中时也会取得理想的成绩。道若没有辜负父母的期望，虽然初中学习压力更大，但道若的成绩也一直很理想。有时候考试成绩不好，不用父母督促，道若会很自责，埋怨自己为什么没有考好。

初一结束的一次家长会上，班主任和道若的爸爸谈到了道若的学习和生活。

班主任说："道若一直以来的成绩很好，学习很勤奋努力。可是，道若的情绪不太好，一旦有题目不会做或者考试成绩不理想，就很容易动怒，不够理智。"

爸爸说："我和道若的妈妈从小对道若的学习管得比较严，道若自己也比较看重成绩。道若不够理智，会不会和他小学学武术有关？"

班主任说："练习武术对孩子的性格可能会有一些影响，大部分还是与父母和老师的教育有关。道若因为不理智曾得罪了不少同学，虽然我们知道他对同学没有恶意。"

爸爸说："老师，我和道若的妈妈从小对道若比较严厉，道若如果做一件事总是做不好，我们也会有些愤怒。看来，这样的教育方式不利于道若养成健康的性格。"

晚上回到家后，爸爸和道若的妈妈说起了今天老师反映的道若在学校的情况。

妈妈说："你是军人，和一般的父母相比确实对孩子严厉一些。如果道若考试成绩不好，我们做父母的也会发怒，想一想，这些年我们只关注孩子的学习成绩，没有多注意道若的情绪。"

爸爸说："以前看到道若因为考试成绩不理想而自责，觉得这是孩子上进的表现，现在看看是孩子不够理智。以后，我们要做父母的

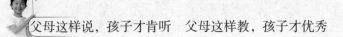

要控制愤怒情绪，从而让孩子更加理智。"

在我们的生活中，很多父母有着与道若父母类似的做法，觉得自己对孩子严厉一些是为了孩子好。父母在孩子面前生气、愤怒，只是让孩子更加上进，殊不知，父母的这种做法可能会在孩子的心里留下阴影，让孩子越来越不理智。

让孩子学会理智是非常重要的。首先，理智可以让孩子拥有更良好的思维习惯。无论在学习还是生活中，理智可以让孩子更客观地看待现实，知道怎样去做才能收获成功。其次，理智可以让孩子更好地走向成功。理智的孩子做事一般是三思而后行，懂得不论做什么事，都需要受到基本的道德规则和社会规范的约束。人作为社会中的人，需要一定社会规范的约束，理智的孩子更有这方面的意识。例如，在保护环境的问题上，有些孩子为了方便而随地丢垃圾，理智的孩子则会从社会中大多数人的利益出发，考虑到丢垃圾会破坏环境，会影响城市景观，从而会把垃圾放进进垃圾桶。可见，理智的孩子在处事上更为成熟，更容易获得成功与别人的好评。最后，理智可以使孩子更有自信心。理智可以使孩子明确自己的实际情况，知道自己要的是什么，该做什么事，不会患得患失。孩子在掌握了自己的实际情况后，可以更有准备、更加自信地解决问题。

如果父母经常在孩子面前愤怒，对孩子的成长是有很大危害的。处在小学和初中阶段的孩子心理发育不成熟，很容易受到父母情绪的影响。父母的愤怒很容易让孩子产生畏惧心理，不敢对父母说实话，遇到问题的时候不敢和父母沟通，从而压抑自己内心的情感。时间长了，孩子的性格可能会扭曲。

在关于父母如何减少愤怒，让孩子更理智方面，有以下建议供父母参考。

第一，帮助孩子了解自己的实际情况，建立合理的成功期望值。孩子的理智需要建立在对自己充分了解的基础上，父母帮助孩子了解自身的实际情况，可以让孩子更理智。例如，父母可以带孩子外出旅游，锻炼孩子的环境适应能力。在一个陌生的环境下，孩子的很多潜力会被激发出来。

父母针对孩子的实际情况，可以帮助孩子建立适合自身发展的奋斗目标，教育孩子脚踏实地地学习。处在小学和初中阶段的孩子常常会耐心不足，急于求成，父母可以帮助孩子制订合理的计划，找到适合孩子的目标，鼓励孩子为之努力奋斗。

第二，父母言传身教，正面教育孩子。要让孩子理智，需要父母正面教育孩子。很多时候，孩子对自己并没有明确的评价，于是就很重视父母对自己的评论。孩子如果经常受到父母呵斥，往往会丧失自信心，一旦遇到困难往往会紧张不已。例如上文故事中的道若，经常受到父母严厉的批评，导致道若不够理智，对自己没自信，一旦考试成绩不好，就会责怪自己不够努力。其实，偶尔一两次考试成绩不理想是很正常的情况。

父母要让孩子理智，要使自己的孩子有坚强的自信心并保持积极进取的精神状态，父母需要多表扬、鼓励，多肯定孩子所取得的成绩，从而让孩子相信自己，理智地对待生活与学习中的得与失、成与败。

第三，教给孩子正确的价值观，理智地考虑事情。孩子不理智，一部分原因是孩子思考问题的方式不正确。父母需要教给孩子正确的价值观，让孩子知道判断事情的标准是什么。有了正确价值观的指导，孩子再遇到事情以后就知道如何面对，不必惊慌失措。

别让消极情绪影响到孩子

我们每个人生活在这个世界，不可能总是一帆风顺，充满欢声笑语的。有时候，生活也会带来一些挫折和磨难，让我们的情绪变得悲伤，精神不振。如果父母长时间处于这种情绪下，就会对孩子造成不良的影响，影响孩子的后天成长。

诗诗今年上小学三年级，性格外向乐观，平时在学校学习很努力，在家里也很听话，一直是父母眼中的乖孩子。父母对诗诗特别疼爱，不仅在生活上无微不至地照顾诗诗的衣食起居，而且也经常督促她要好好学习。

诗诗的妈妈是作家，平时喜欢看一些文学类的小说和杂志。也许是因为特别喜欢文学的原因，诗诗的妈妈经常会陷入小说的情节，看到小说里面的人高兴，也会跟着开心，看到令人伤心的情节，也会忍不住啜泣。诗诗的妈妈平时在家里进行写作，爸爸在一家广告公司上班。生活中，诗诗和妈妈的接触多一些。

诗诗上小学的时候，只要一放学回家，经常兴高采烈地和父母说起学校里发生的新鲜事。例如，老师又讲了哪些新知识，同学又说了什么好听的笑话等。父母听着诗诗讲述在学校里发生的事，经常会有不一样的反应。爸爸比较喜欢听诗诗讲学校里的事，听了诗诗讲述的有意思的事情，常常会哈哈大笑。妈妈则觉得上学关注那些与学习无关的事情，只是在浪费时间，会影响到学习成绩，以后考试成绩不好，可怎么进入重点高中啊。与此同时，如果诗诗在学校里遇到什么不顺心的事情，诗诗的妈妈也是以悲观的态度看问题，觉得孩子不会处理人际关系，诗诗的命不好等。

一开始，诗诗不是很在乎妈妈的情绪，觉得妈妈想多了。可是渐渐地，诗诗看问题的方式开始受到妈妈态度的影响。遇到事情也开始以消极的心态对待，常常会陷入烦恼中。在诗诗上了初一以后，这种情绪甚至影响了她的学习，导致考试成绩总是不理想。

在初一结束的一次家长会上，诗诗的爸爸和班主任交流了诗诗在学校的情况。

班主任说："诗诗在学校不能算是一个内向的孩子，不知道为什么，这孩子遇到问题的时候总是往消极的方面想。"

诗诗的爸爸说："诗诗小时候是个很乐观的孩子，可能是她妈妈比较多愁善感吧。毕竟是母女，可能诗诗受到妈妈的影响比较多。"

班主任说："父母的情绪很容易影响到孩子，情绪的好坏对孩子的成长是非常重要的。"

诗诗的爸爸说："以前我们可能没有注意到这个问题，回家之后我和诗诗以及她妈妈交流一下。"

家长会结束的那天晚上，诗诗的爸爸主动和她妈妈谈到了今天班主任反映的事情。妈妈说："是啊，想想看，以前诗诗是个多乐观的孩子，这些年可能是我的情绪影响到了她。"

诗诗爸爸说："以后我们多注意，尽量给孩子传递正面的情绪。"

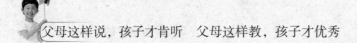

从那以后，诗诗的妈妈开始慢慢改变自己的情绪，让自己处在乐观的状态，诗诗也开始变得越来越活泼，学习成绩也在稳步上升。

生活中，一些父母可能都像上文中诗诗的妈妈一样，没有注意到自己情绪会影响孩子。父母是孩子生活中接触最多的人，处于小学和初中阶段的孩子因为身体和心理发育没有完善，很容易把父母当成自己的学习对象，模仿父母的行为，从而很容易受父母情绪的感染。

情绪，是对孩子一系列主观认知经验的通称，是孩子多种感觉、思想和行为综合产生的心理和生理状态。无论是孩子的情绪是正面的还是负面的，都会引发他们行动的动机。

如果父母的情绪过度低落、消极，很容易影响孩子的情绪，给孩子的学习和生活带来负面影响。首先，父母的情绪过分消极不利于孩子的学习。学习需要一个积极向上，主动探究的心态。如果父母的情绪不好，很容易传染给孩子，孩子的情绪也会变得消极，从而影响孩子的学习。其次，父母的消极情绪可能会使孩子越来越没有信心。孩子在成长的过程中需要父母的鼓励。如果父母对孩子做的事情都不进行正面积极的评价，会使孩子对自己越来越没有信心。最后，父母的消极情绪会影响孩子的价值判断和价值选择，孩子的世界观、价值观和人生观还没有完全成熟，需要父母的指导，如果父母一味地抱有消极情绪，不利于孩子树立正确的观念。

在关于父母如何给予孩子积极的情绪，以下建议可供父母参考。

第一，父母适当表达情绪，让孩子明白情绪是正常心理状态。父母如果有了情绪，可以直接地说出来，告诉孩子为什么自己会高兴，会悲伤等。例如，妈妈在家里心情很不好，感到烦躁，可以直接说出来原因，是因为工作不如意，还是身体不舒服等。让孩子知道妈妈的负面情绪并不是无缘无故产生的。

如果孩子看到父母陷入消极情绪中，可能不敢去问父母为什么会这样，担心被父母斥责。在这种情况下，父母可以直接和孩子沟通，告诉孩子情绪不好的原因，不要让孩子多虑。

第二，以适当的方式舒缓情绪，和孩子一起成长。如果父母有了悲伤等负面情绪，可以以适宜的方式进行舒缓。舒缓情绪的方法很多，比如，找三五好友诉苦一番、逛街、听音乐、散步等，转移自己的注意力，不要被消极的情绪控制，做出伤害自己也伤害他人的事情。在适当的时候，父母可以和孩子一起探讨如何化解消极的情绪。孩子的心灵一般是单纯而善良的，他们思考问题的角度往往比父母要独特。如果父母和孩子一起讨论，既可以增加孩子的经验，也可以促进孩子成长。

第三，父母遇事要冷静，给孩子树立一个良好的榜样。父母在遇到事情以后要冷静分析，想想消极情绪出现的原因是什么，冷静是解决事情的最好方法。淡定从容，方能无所畏惧。在学习和生活上，父母都是孩子最好的榜样，如果父母遇事慌里慌张，孩子很可能受到父母的影响。父母会有消极情绪，很大一部分原因是没有控制好自己的情绪，没有冷静地分析事情的利与弊，得与失。

父母在有悲伤情绪的时候可以想想自己是孩子的榜样，自己的行为会直接影响着孩子的性格，从而努力控制自己的情绪，给孩子树立一个好的榜样。

成功的父母时刻关注孩子的情绪变化

孩子的情绪变化是很丰富的，有时候可能因为拿到一块糖而变得高兴，或者因为没得到一件玩具而变得沮丧，父母要在日常生活中多关注孩子的情绪变化，了解孩子的真实情绪，这样才能根据不同的情况来对孩子进行正确的指导教育。

燕燕今年上小学三年级，性格比较外向，晚上放学回到家后经常向父母说起班级里发生的新鲜事。燕燕在妈妈工作的小学上学，燕燕平时常常去妈妈的办公室玩。一来二去，老师们也都认识了燕燕，在学习和生活上也比较照顾她。

在燕燕上小学时候，燕燕的妈妈经常给她补习功课，辅导她学习，因此，燕燕在小学时的成绩一直很理想。在平时周末不上课的时候，燕燕会去离家不远的培训班，有时候学跳舞，有时候学钢琴。因此，燕燕不仅学习成绩优秀，也是学校里的文艺标兵，学校里大大小小的文艺活动基本上都能看到燕燕的身影。

父母希望燕燕能有一个快乐的童年，平时如果燕燕有什么要求，父母基本上都会满足。有时候燕燕闹闹"大小姐"的脾气，要求非要父母给她买什么东西，带她出去玩之类的，父母也会尽量满足她的要求。

在燕燕上五年级的时候，开始有了爱美的心理，在学校看到了别的同学穿新衣服，回家也闹着让父母给她买。如果父母不答应给燕燕买新衣服，燕燕常常会生气，如果父母买了燕燕很喜欢的衣服，燕燕会很开心。为了让燕燕开心，父母基本上都会答应她的要求，顺着她心意，做她喜欢的事情。

燕燕在13岁那年升入了初中，初中生活不同于小学，平时接触的人和事更多，也对孩子的能力提出了更大的挑战。刚开始的时候，燕燕很喜欢初中，觉得学校里有很多新鲜的人和事，放学回家之后，经常兴高采烈地和父母说起学校里发生的事情，聊聊老师当天教的新知识。可是初一上学期的几次考试，燕燕的成绩都很不理想。

在学校的一次家长会上，燕燕的爸爸和班主任聊起了燕燕的情况。

燕燕的爸爸说："燕燕平时在学校的成绩怎么样？和同学们相处融洽吗？"

班主任说："刚开学的时候，燕燕的成绩很好。在文艺方面也是个积极分子，会跳舞，会弹琴，同学们都很喜欢她。"

燕燕的爸爸说："刚上初中的时候，燕燕经常回家和我们说起学校里发生的事，看得出来，燕燕很开心。可是，燕燕在最近的几次考试中，成绩都很不理想。"

班主任说："燕燕这孩子啊，很聪明，也是多才多艺，可是情绪不太稳定，有时候因为一点小事情使心情不好，就没法进行学习。"

爸爸说："我和燕燕的妈妈一直觉得孩子只要学习好就可以了，没有注重过孩子的情绪变化。"

晚上回到家以后，燕燕的爸爸和妈妈说了今天班主任反映的问题。妈妈说："是啊，我们这些年只顾着让孩子快乐，没有注重孩子的情绪变化，这样可不行啊！"

生活中，很多父母可能都像是上文故事中的燕燕父母一样，觉得只要让孩子开心就好，不用太多地关注孩子情绪变化。其实，教育孩子的重要一点便是重视孩子的情绪变化。

相关研究显示，6岁以前的情感经验对孩子的一生具有恒久的影响。小学和初中阶段是培养孩子具有稳定、正确情绪的关键时期。如果孩子情绪易变，经常出现负面情绪，会很大程度地影响孩子今后的个性发展和品格培养以及孩子的身心健康与人际关系的发展。父母一项重要的工作便是及早重视孩子的情感变化并对孩子的情绪做出正确的管理，帮助孩子认识、了解和控制自己的情绪。

父母重视孩子的情绪变化是非常重要的，上小学的孩子一般已经学会使用一定的策略来掩饰自己的情绪，已经掌握了简单的表现方法。例如，孩子在做了父母禁止做的事情后，为了逃避惩罚，掩饰自己的负罪感和自己的真实情绪，开始学会撒谎。父母如果了解了孩子的情绪变化，就可以更好地去教育孩子。

在关于父母如何重视孩子情绪变化方面，有以下建议供父母参考。

第一，要允许孩子发泄情绪，并引导孩子学会控制自己的情绪。孩子的任何情绪，都是孩子性格中的一部分，父母应该让孩子真实流露自己的情绪，坦然面对并了解孩子的情绪变化。

父母要学会冷静地处理孩子的情绪变化，引导孩子控制自己的情绪。在孩子产生负面情绪的时候，建议父母可以采取这个引导步骤：观察孩子的行为——通过思考弄明白孩子为什么要这样做——想一想孩子此时的情绪是什么样的——怎么做可以舒缓孩子情绪——冷静下来，引导孩子控制情绪。

在孩子产生情绪之后，父母应该和孩子一起分析原因，总结经验，告诫孩子下次要控制好自己的情绪。

第二，教会孩子从多方面看待事情，正确认识事情。孩子之所以有情绪，是因为对事情的了解不够透彻。对于同一件事情，不同的人观点不同，会产生不同的情绪反应，所以，父母可以通过改变孩子的认知，进而改变孩子的情绪。比如，孩子因为考试成绩不理想而烦躁不安，父母可以引导孩子对考试结果进行重新评价，告诉孩子这次考试让他看到了自身的不足，知道要更加努力地学习，这样，下次考试就可以考好了。另外，父母引导孩子从另外一个角度看问题，可以让孩子学会多方位、全面地看待事情，提高孩子对事物的认知。

老子说："祸兮福之所倚，福兮祸之所依。"生活中的很多事情都是可以相互转化的，没有什么事情是值得人们太过于高兴和悲伤的，因此，父母应教育孩子不要有太大的情绪变化，学会从多方面认识事情。

第三，带孩子多出去散心，转移注意力。生活中，父母可以多带孩子出去散心，让孩子感受人生的乐趣，感受大自然的美，从中陶冶情操，这有利于帮助孩子提高自我控制力。例如，周末的时候父母可以带着孩子去公园散散步、放风筝，或者观赏花卉等。美丽的风景常常能使人心情愉悦，心情得到自然的放松，孩子在这样的环境下，心态也会更加平和，情绪也会更加稳定。

父母在和孩子一起外出的时候，还可以引导孩子忘掉生活中的不愉快，转移注意力。例如，可以和孩子讨论一下公园里有哪些品种的树，今天有没有遇见自己可爱的朋友等。孩子的注意力一转移，浮躁的心情便会

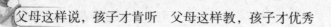

逐渐安定下来，负面的情绪也就自然消失了。

帮助孩子赶走心中阴霾

在我们的生活中，很多父母只关注孩子的学习问题，不懂得主动化解孩子的负面情绪。当孩子遇到一些不开心的事情后，心里的阴霾无法及时排解，不仅会影响学习和生活，严重时，还有可能危害到身体健康。所以，父母在日常生活中，要及时了解孩子的情绪，一旦发现有不对劲的地方，马上帮孩子排解。

爱之是家里的老二，上面还有一个姐姐，名字是瑞之。两个孩子虽然在一个家庭中长大，但是性格却有很大差异。姐姐瑞之更为外向活泼，平时喜欢出去玩，喜欢结交不一样的朋友。虽然也遇到过一些困难，但瑞之总是会以乐观的心态面对，独自解决困难。相比较而言，妹妹爱之更为内向，周末的时候常常待在家里看书，不喜欢出去玩。

瑞之比爱之大两岁，两个孩子都在离家不远的一所学校读书，瑞之是五年级，爱之是三年级。爸爸妈妈平时很注重两个孩子的学习，经常督促她们按时完成作业，寒暑假期间也会为孩子请家教。加上两姐妹自身的努力，瑞之和爱之的成绩一直很理想。

渐渐地，两个孩子长大了，瑞之进入了当地初中，乐观开朗的性格使她在学校认识了很多好朋友，如果在学习上遇到了什么问题，瑞之也喜欢和同学交流，因此，初中时，瑞之的成绩也很优秀。

两年后，爱之也升入了初中，可是，爱之对初中的生活却远远不如姐姐更有适应能力。有一次和妈妈聊天，爱之聊到了自己对初中的看法：初中的同学更多，人际关系更加复杂；学习内容更难，压力变大；学校离家更远，每天上学放学不方便等。总之，爱之说了一大堆升入初中以后学习和生活上的不适应。

爱之的妈妈说："这些都不重要，重要的是你好好学习就行了。"

在一次家长会上，爱之的班主任和爱之的妈妈聊到了孩子的情况。

班主任说："爱之平时是不是很消极啊？"

爱之的妈妈说："爱之这孩子确实不是很乐观，看事情常常会往不好的方面想。她还有个姐姐瑞之，比她大两岁，平时很乐观，生活上更加独立，成绩一直很好。"

班主任说："爱之是个很聪明的孩子，学习也很努力，可是孩子常常会有负面情绪，导致孩子学习效率低，希望你回家以后好好教育孩子。如果情绪可以像她姐姐一样乐观，相信爱之的成绩也会稳步上升的。"

爱之的妈妈回到家以后，和爱之说起了今天班主任反映的问题。

爱之说："妈妈，我也不知道为什么，我经常用消极的观点看问题，常常有负面情绪。"

妈妈说："这也是我和你爸爸对你的教育不够好，这些年都没有怎么关注你的情绪问题。其实，学会化解你的负面情绪对你的成长和发展是很重要的。"

　　在我们的生活中，一些父母可能会像上文的爱之的父母一样，只关注孩子的学习问题，不懂得主动缓解孩子的负面情绪。

　　心理学上，把一个人的焦虑、紧张、愤怒、沮丧、悲伤、痛苦等情绪统称为负面情绪。人们之所以这样称呼，是因为此类情绪的体验是不积极的，人的身体也会有不适感，甚至影响正常的学习和生活，进而有可能引起身心的伤害。因此，父母学会缓解孩子的负面情绪是有重要作用的。首先，缓解负面情绪可以提高孩子的健康。负面情绪使孩子心情低落，常常会引起孩子食欲不振，甚至精神紧张等不良刺激反应。其次，缓解负面情绪可以提高孩子自信心。孩子长时间处于负面情绪影响下，很容易萎靡不振，导致做事情失败。缓解孩子的情绪，可以给予孩子更多鼓励，让孩子相信自己有能力去完成事情。最后，缓解孩子情绪可以培养孩子乐观的性格。如果孩子长时间处于低落的情绪中，很容易养成消极的性格特点。及时疏导孩子的情绪，可以使孩子养成开朗乐观的性格。

　　孩子的情绪对其个人的性格发展有着深远的影响。首先，情绪可以作为孩子与他人沟通的一种方式，表达内心的喜怒哀乐。例如，爱笑的孩子通常更容易获得父母、师长的喜爱，并受到其他孩子的欢迎。相反，如果孩子易怒、爱哭，不仅父母、师长不喜欢，同伴也往往对孩子敬而远之，从而使孩子受到孤立。其次，情绪影响孩子的认知发展。当一个孩子的情绪处在积极状态时，往往更喜欢学习，同时思维敏捷，想象大胆、丰富并具有创造性；而当孩子情绪处在消极状态时，多数情况表现为沉默、呆板、反应迟钝且少言寡语。最后，情绪还影响孩子性格的发展。孩子有着稳定持久且愉快的积极情绪，则容易形成稳重、乐观、活泼等好的人格特征；如果孩子长时间陷入消极情绪，则容易多疑、孤僻、易怒等。

关于父母如何缓解孩子负面情绪方面，以下建议供父母参考。

第一，培养孩子广泛的兴趣爱好，转移孩子不良情绪。父母可以培养孩子多方面的兴趣爱好，鼓励孩子积极主动地投入各种活动中。培养孩子的兴趣爱好可以让孩子结交到更多志同道合的朋友，如果孩子遇到了困难，可以和朋友倾诉。在孩子表现出负面情绪的时候，父母不要让孩子长时间地将自己束缚在这种状态之中，应教会孩子学会转移自己的关注点，消除不良情绪。

周末的一天，果果因为没有写好数学作业而烦躁不安，妈妈知道果果喜欢也擅长讲故事，于是，妈妈和果果说："果果，你先给妈妈讲个故事好不好？"果果听了很高兴，讲完故事之后消极情绪也无影无踪，又开开心心地投入学习中。

当孩子在遇到挫折或冲突时，父母不要让孩子总陷入引起冲突或挫折的情绪中，要引导孩子尽快地摆脱这种情境，投入孩子感兴趣的其他事情中去。利用兴趣转移孩子的负面情绪，不仅能使孩子的情绪得到良好的发泄，还能使孩子的心理得到健康发展。

第二，假设可能发生的消极情绪，让孩子自己思考应对策略。父母可以在生活中多和孩子讨论关于情绪的话题，并假设出一个合适的场景，与孩子一起商量并讨论出合理的解决方法。例如，父母可以和孩子假定，如果期中考试结果不理想，孩子要怎么缓解消极情绪。在假定之后，让孩子自己学会寻找解决矛盾的方法。让孩子通过讨论，自觉地按照父母和孩子都能接受的方法去做。经过这些关于消极情绪如果产生、该怎么办的假设，孩子可以学会如何正确地宣泄情绪。

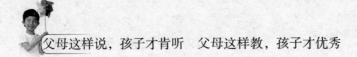

第三，父母充分理解孩子，允许孩子适当宣泄自己的负面情绪。孩子的负面情绪一旦产生，父母应该给予孩子一定的空间让孩子宣泄情绪，不要一味地压制孩子的情绪。精神分析学派的奠基人弗洛伊德充分肯定了情绪疏泄对维护心态平衡的作用。他认为，讲出一切来，能减轻精神上的症状。因此，当孩子遇到挫折或者感受到不愉快时，让孩子表达自己的情绪，可以减轻他心理上的压力。哭，是孩子情绪疏泄的一条重要渠道，在很多情况下，哭使孩子在紧张状态中变得轻松。如果父母强行压抑孩子哭，只会让孩子内心不良的情绪体验变得更加强烈。倾诉，也是孩子常用的一种方法，孩子如果向父母倾诉自己的负面情绪，父母应该给孩子适当的同情、理解、安慰和支持。

约法三章，杜绝孩子在公共场合闹情绪

孩子哭闹不停几乎是每个父母都会遇到的难题。尤其是孩子在公共场合哭闹的时候，父母不仅无奈，还很无措，既不知道如何安抚孩子，又不知道怎么处理才算是正确的教子方式。因此，被"逼"无奈的父母，在面对在公共场合闹情绪的孩子时，只能靠打骂解决。

芷晴是家里的独生女，从小父母便把她视为掌上明珠，真是"捧在手里怕掉了，含在嘴里怕化了"。只要芷晴有什么要求，父母基本上都会满足。芷晴也是个聪明的女孩子，不仅学习成绩一直很理想，而且待人很有礼貌，和同学们相处很融洽。

芷晴的父母比较喜欢安静，周末没事的时候通常在家读 读书，看着电视。芷晴也受到父母习惯的影响，很少出去玩。周末的时候基本上都在家。

在父母看来，芷晴就是家里的小公主。虽然有时候孩子会闹情绪，但父母觉得这也是孩子可爱的一种表现，因而听之任之。

在芷晴三年级的时候，班主任打电话让芷晴的爸爸去一趟学校，说了芷晴在学校的一些情况。

班主任说："芷晴成绩很优秀，孩子也很聪明。平时在家是不是很听父母的话？"

芷晴的爸爸说："芷晴心情好的时候挺听话的，心情不好的时候，我和她妈妈也拿她没办法。只能由着孩子来，她喜欢做什么，就让她做什么。"

班主任说："哦，芷晴在家里也会闹情绪，是吗？"

芷晴的爸爸说："偶尔会。"

班主任说："芷晴，性格也挺外向的，不过有时候在班里会闹情绪。如果芷晴心情不好，很容易影响到自己的学习，也会影响同学的情绪，这样可不行啊！"

芷晴的爸爸和老师沟通之后，晚上回到家和芷晴妈妈沟通了孩子的问题，妈妈说："芷晴闹情绪确实不太好，但她还小，长大懂事了，自然就好了。"

周末的一天，妈妈带着芷晴逛商场买衣服，芷晴喜欢上了一件衣服，需要800多元，妈妈身上没有带这么多钱，没办法给芷晴买。妈妈和芷晴说："芷晴，妈妈这次带的钱不够，下次再来给你买，好不好！"

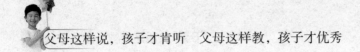

　　芷晴说："不行，妈妈，我就要这件衣服，下次再来可能就没有了。"

　　妈妈说："下次没有了我们就买别的漂亮衣服，不行吗？"

　　芷晴突然大声哭起来，不愿意走，哭着要妈妈一定买那件衣服，引得很多路人凑过来观看。妈妈没办法，只能打电话给附近的朋友，让朋友先过来帮忙付钱，买下了芷晴喜欢的那件衣服。

　　晚上回到家后，芷晴的妈妈对爸爸说起了今天在商场里发生的事。爸爸说："孩子平时在家里闹情绪，我们忍一忍，顺着孩子的心意也就过去了。可是不能让孩子在公共场合闹情绪啊，这样影响多不好。"

　　其实，在我们的生活中，很多父母都会或多或少地遇到上文故事中类似芷晴的情况，在这种情况下，父母常常会感到很无奈，不知道怎么办才好。

　　闹情绪，一般指孩子对某些事情不满而情绪无法安定，不能控制自己的行为。公共场合是指处在人群经常聚集、供公众使用或服务于人民大众的活动场合。例如学校教室、学校寝室、商场等。

　　孩子在公共场合闹情绪的原因一般有以下三种：第一，父母过分溺爱孩子。父母爱孩子没有错，但是如果一味地溺爱孩子，有求必应，很容易让孩子觉得父母答应自己的请求是应该的。有些时候，孩子也会在公共场合利用父母的"有求必应"的特点，来实现自己的愿望。父母这样的教育方式会助长孩子的任性性格。例如上文中的芷晴，很想要那件漂亮的衣服，但是妈妈没有及时满足她的要求，于是就大声哭闹，引来外人旁观，妈妈为了息事宁人，最后还是给她买了。妈妈的做法虽然暂时制止了芷晴的哭闹，但是在她心里留下一个解决问题的方法，觉得自己下次还可以用这个招数。第二，孩子经常遭受挫折，也会导致孩子闹情绪。处于小学和初中阶段的孩子，正是成长的关键时期，内心常常会有一种强烈的想自立、想把控事情的愿望。孩子总觉得自己长大了，实际上却常常被父母压抑，或者自己能力不够，做不好事情。这个时候，孩子会对自己有限的能力感到沮丧，或对自己的无能感到愤怒，想要发泄，有时会在公共场合闹情绪。第三，心理和健康问题也会导致孩子闹情绪。身体不适、生病都会影响孩子的情绪。一些孩子遇到一些不如意的事情，很容易失去自制能力。如果孩子的心理压力过大，有时候想要释放却找不到合适的地方，在公共场合就很有可能会闹情绪。

关于父母如何应对孩子在公共场合闹情绪的问题，以下建议供父母参考：

第一，认真倾听孩子的想法，并积极回应，表达自己对孩子情绪的接受。

当孩子诉说自己的想法时，父母应该全神贯注、认真倾听，孩子会感受到来自父母的关心，让孩子觉得更安心和安全，同时更愿意向父母诉说更多的心里话。父母倾听时不仅仅是用耳朵，也需要用眼睛、用实际行动"倾听"。例如，父母看到孩子脸上紧皱的眉头、失神的眼睛、沮丧的表情时，可以走到孩子身边，拍拍他的肩膀，安静地陪孩子坐着，即使不说话，孩子能感觉到父母的关心和陪伴。

在倾听孩子想法的同时，父母可以对孩子的描述和情绪表现做出反应。这样可以让孩子感觉到父母在认真聆听，而且，孩子的不良情绪在父母这里也有了发泄的渠道和安放的场所，最终慢慢得以缓解。

第二，父母在生活中注重对孩子情绪的引导，和孩子"约法三章"。

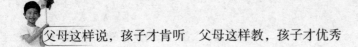

父母在平时的生活中应该注重对孩子情绪的引导，给孩子讲道理，告诉孩子如果他在公共场合闹情绪，会对别人造成什么困扰，同时教会孩子学习尊重别人，学会控制自己的情绪。

另外，父母可以和孩子一起立下关于控制孩子情绪的约定。例如，如果孩子遇到事情不烦躁，父母可以给予孩子适当的奖励；如果孩子在公共场合闹情绪，父母就要给予孩子相应的处罚。通过类似的方法逐步调节孩子的情绪。

第三，教会孩子合理地表达自己的想法，尊重孩子的合理要求。孩子一旦在公共场合闹情绪，有些父母为了让孩子停止，常常会采取一些简单粗暴的方法。其实，这种做法是错误的。年龄尚小的孩子有时候表达能力不是很强，例如，孩子心里不高兴，可能不会说出来，而是用一些用跺脚、尖叫甚至是哭泣等方式来表达自己的不高兴。这时，需要父母教给孩子正确表达自己的意愿与需要。

第六章　有理想的父母
照亮孩子的追求之路

父母的理想抱负影响孩子的上进心

　　一个有理想、有抱负的人，在日常行为和思想上和其他人有很大的区别的。如果一个孩子的父母是此类人，那么父母积极上进的心态就会影响到孩子，受父母的感染，孩子也会逐渐拥有自己的理想，成为一个有上进心的人的。

　　王琳是一家事业单位的普通职工，刚参加工作时，她一腔热血，希望能在工作中有一番成就。每天，她都是第一个上班，最后一个下班，回家后还会查阅大量的资料，看很多书籍，工作效率也很高。随着年龄的增长，王琳对工作的热情渐渐冷却。儿子聪聪出生后，她更是把大部分精力用在了他的身上。因为工作能力下降，领导不再给王琳布置难度大的任务，王琳每天拿着基本工资，却心满意足。

　　聪聪今年11岁，上小学六年级。为了把儿子培养成才，王琳对聪聪的学习要求很严格。但是聪聪却没有学习的兴致，每次回家总是匆忙地写完作业就跑出去玩了。看到别的父母都给孩子报课外辅导班，王琳也想给儿子报一个，于是她问聪聪："咱家小区开了一个课外辅导班，你的英语不太好，我给你报一个英语辅导班吧？"

聪聪一口回绝了王琳："每天的作业已经够多了，我可不想再给自己增加负担。"

王琳对聪聪说："你怎么这么没有上进心？别人想学还没有机会呢，你却主动放弃，让妈妈怎么说你好呢！"

聪聪仰起脸对王琳说："妈妈，您每天让我读书学习，但是我却从来没有见您读书学习过。难道只有我需要学习吗？"

王琳一下愣住了，她没有想到聪聪之所以没有上进心，是因为自己没有给他树立一个很好的榜样。

上例中，王琳在日复一日的工作中渐渐失去了当初的激情和抱负，满足于现有的生活。虽然她对儿子的要求很严格，但是儿子并没有喜欢上学习，并且很排斥上辅导班。聪聪的话点醒了王琳，正是因为自己对工作得过且过的态度影响了孩子，自己都不读书来提升自己，又凭什么要求孩子多读书呢？

父母的行为对孩子上进心的养成有很大的影响。试想一下，在一个家庭中，如果父母每天只是满足于现有的工作，从不充实自己，平时在家总是看一些言情电视剧，聊的话题也是东家长西家短的闲事。孩子生活在这样的环境中，自然也会不喜欢学习。相反，父母如果一回到家里就开始看书，或者继续做自己的工作，从不看没有意义的电视节目，聊的话题也是时事热点或者工作进程，孩子耳濡目染，就会多看书，多关注新闻大事。父母有了远大的目标和理想，付出努力去实现它，孩子看着父母为了理想而奋斗，对学习的热情自己也会增加，从而增强上进心。

当一个孩子缺乏上进心时，就不会为自己设置目标，而没有目标就会失去前进的动力。比如学习不主动，只有当老师或者父母催促时才会学习，这样的学习效果自然是很不理想的，孩子的学习成绩自然也不会很高。遇到困难时，孩子第一个反应就是逃避，而不是分析产生困难的原因，寻找解决的办法，最终使孩子失去应对困难的能力。

所以，父母一定要在日常生活中引导孩子。比如以身作则、努力工作，甚至去提高学历，给孩子树立一个榜样。久而久之，孩子就会为了实现自己的理想而努力学习，产生上进心。

如何激发孩子的上进心，以下几点供父母参考。

第一，父母可以通过考取职业资格证提升自己的能力。每一个行业都有对应的考核证书。父母如果想要在自己的工作中有所成就，考证是一个很重要的途径。比如有些父母从事财会类的工作，那么可以选择考取中级会计师和高级会计师或者直接考取注册会计师证书。当孩子回到家里，看到埋头苦读的妈妈和辛苦工作的爸爸。潜移默化中，孩子的行为习惯就会改变。在这样的环境中长大的孩子，其上进心一定也会很强。

第二，教会孩子制定目标。没有目标，孩子的学习就会变得漫无目的，时间一长，孩子就会变得不知道该怎么学习。这时父母就应该帮助孩子制订学习目标。

父母要结合孩子的基础和能力，从孩子的实际水平出发，为孩子制订出目的明确、要求具体、既符合实际又易于执行和操作的目标。当孩子的学习有了目标之后，就可以向着目标前进，学习的效率会更高，孩子也能从中体会到学习的乐趣，变得更有上进心。不仅是孩子，父母也应该给自已制定生活和工作的目标，为孩子树立良好的榜样。

第三，帮助孩子树立战胜困难的信心，从而让孩子产生上进心。

"爸爸，这次英语小测验我又没有考好。"小进把一张英语卷子拿到爸爸面前，上面写着59分。看到爸爸在仔细研究自己的卷子，小进又说："我觉得自己学习英语已经很努力了，可是分数还是不及格，我都快没有信心了，爸爸，我是不是不适合学习英语啊？"

看着孩子垂头丧气的模样，爸爸心疼地说："当然不是了，爸爸觉得既然你已经努力了，成绩却不理想，那一定是学习方法不正确。爸爸把自己学习英语时的方法教给你，你试一试，等下次英语测验时看看成绩会不会提高，好吗？"

接下来的一个月中，小进用爸爸教的方法学习了英语。在最近的一次英语测验中，小进得了70分，他高兴地把成绩单拿给爸爸看："爸爸，你看，我的英语成绩终于进步了，老师还表扬了我呢，我相信我以后一定能把英语学好，争取能考到100分。"

上例中小进的爸爸得知孩子在学习中遇到困难时，及时地为孩子分析成绩一直没有提高的原因，之后爸爸教给了孩子自己的学习方法，并最终帮助孩子将成绩提高，而且激发了孩子继续学习英语的上进心。心理学表明，失败的行为会使人产生消极退缩的情绪，而成功的行为容易使人产生积极上进的情绪。经常遭受挫折，上进心就会锐减，但如果经常能品尝到成功的喜悦，孩子便常常会为自己设置更高的目标，取得更大的进步。

孩子要有大目标，也要有小目标

目标对于我们每个人来说，都是重要的。每个人对于目标的理解也不一样，有些人喜欢树立大目标，这样会有冲劲，有些人喜欢从小目标做起，觉得这样更踏实。不管是小目标还是大目标，都是很有必要的。尤其是对于孩子来说，他们的人生道路还很长，可能一时无法建立大目标，那就从小目标开始做起。

琳琳今年13岁，刚上初一，以前上小学时，自己的成绩总是在及格边缘徘徊，所以琳琳总是被同学们称呼为差生。每次听到别人叫自己差生，琳琳都很伤心，她对自己说："以后上了初中我一定会好好学习，努力成为优等生。"现在琳琳终于上了初中，班里共有50名学生，她给自己定了目标，第一次期末考试一定要考进班里的前10名。

琳琳所在的初中每个月都会组织学生月考，这样有利于老师了解学生一个月的学习状况。而每次月考前琳琳都没有认真准备，她觉得自己的最终目标是期末考试，所以当其他同学都在复习月考要考的内容时，琳琳则在继续自学后面的内容，上课时也不再听老师讲课，因为老师讲的内容琳琳已经自学过了，她认为没有必要再听一遍。每当月考成绩下来，琳琳总是考得很糟，由于没有及时复习，好多知识点

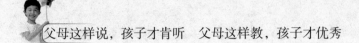

并没有掌握得很扎实。对此，琳琳心里想道："没有关系，这只是个月考，等期末考试时我再复习就可以了。"

就这样学习了一个学期，终于到了期末考试。成绩出来后，琳琳满怀期待地查看自己的排名，25名，琳琳睁大眼睛又看了一遍，确实是25名，琳琳有些不敢相信，虽然相比上次的30名，自己已经进步了，琳琳却不明白为什么自己那么努力地学习了，成绩却还是那么差。原来期末考试中的许多题型在以前的月考中出现过，其他同学在听过老师的讲解后，及时总结，避免了再次出错，而琳琳由于没有重视每次的月考，老师的讲解也没有认真听，所以成绩自然不会理想。

上例中的琳琳在学习方面只有期末考试这一个长远目标，而没有制订每天或者某一段时间具体的学习计划，从而导致自己在平时的学习中很盲目。月考本来是平时学习中一个很好的总结机会，也可以作为琳琳学习中的近期目标，但是琳琳却忽视了它。这种没有近期目标的学习方法会降低琳琳的学习效率，学习效果自然会不理想。

很多孩子都和琳琳一样，有长远的人生规划或者目标，比如想要考上的大学、未来想要从事的职业，等等。

爱因斯坦曾说过："在一个崇高的目标支持下，不停地工作，即使慢，也一定能获得成功。"这个崇高的目标指的是长远的目标。相比近期目标，长远目标能够为孩子指引人生的大方向，奠定人生基调，尽管如此，我们并不能说近期目标就是不重要的。一个长远目标的实现绝不是几天、几个月就能完成的，这其中就包含着几个甚至十几个近期目标。曾两度获得国际马拉松邀请赛冠军的日本选手山田本一，在他的自传中这样说："每次比赛之前，我都要乘车把比赛的路线仔细地看一遍，并把沿途比较醒目的标志画下来，比如第一个标志是银行，第二个标志是一棵大树……这样一直画到终点线。比赛开始后，我就以百米冲刺的速度奋力冲向第一个目标、第二个目标……四十几公里的赛程就被我分解成这么几个小目标轻松跑完了。"

在《荀子·劝学篇》中有这样一段话："故不积跬步，无以至千里；不积小流，无以成江海。"其中，近期目标就是跬步和小流，而长远目标就是千里和江海。所以制定近期目标是孩子实现人生理想的重要基础和前提，父母要让孩子养成制定近期目标的良好习惯，脚踏实地，才能最终获得成功。

如何帮助孩子树立近期目标，以下几点供父母参考。

第一，教孩子把大目标分成一段段的小目标，逐个实现。

小江是个可爱聪明的小男孩，为了锻炼他的体质，小江的爸爸带着他去参加了儿童的室内攀岩比赛。这是小江第一次接触攀岩，看着周围的小朋友都穿着攀岩服装并带着专业护具，小江觉得好玩极了，连忙催促爸爸要参加。

当小江准备就绪，站在岩壁下面时，小江才发现面前的岩壁好高啊，虽然心里有点害怕，但是好奇心还是战胜了畏惧。随着哨声响起，孩子们纷纷爬上了岩壁。小江也开始向上爬，一米、两米……小江觉得越来越难往上爬了，于是他往下看了一眼，看着自己离地面已经那么高了，小江一下子哭了出来并对着下面的人群喊着："爸爸，我好害怕啊，我不敢上去了。"

小江的爸爸连忙跑到岩壁的下面对着儿子喊道："江江，你照着

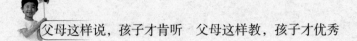

爸爸的话做，抬起你的左脚踩着上面的突起，别管上面还有多远才能爬到，你现在就看着离你最近的岩点，然后一点点往上爬，现在把你的右脚也踩着上面的岩点，然后整个身体向上移动。"

小江按照爸爸的指令，一个岩点一个岩点地往上爬，最终爬到了岩壁的最高处。

上例中小江的爸爸在孩子面对难以到达的岩壁顶端时，帮助孩子把攀岩的过程分成一个一个攀爬岩点的过程，这不仅削减了孩子的畏惧感，而且让孩子最终完成了目标。长期目标很难实现，但是近期目标却比较容易实现。当孩子完成一个近期目标后，就会产生自信心和成就感，这样孩子就会有动力去完成之后的目标。这样一个个小目标实现之后，就会完成最后的长远目标。

第二，帮助孩子制订学习计划。制订学习计划其实就是帮助孩子在学习方面制订一个近期目标。因为不同的学科有不同的学习特点，所以在制订学习计划时也要针对不同的学科制订不同的计划。父母可以先为孩子制定一个总的学习目标，比如语文方面要提高孩子的作文水平，数学方面要让孩子掌握某一种题型的计算方法，英语方面要提高孩子的口语能力等。接着可以针对每个科目的总目标来制订具体的计划，比如，语文方面，给孩子规定每天读一两篇满分作文，并试着写一些读后感；数学方面，每天给孩子布置一两道计算题，先从某一种题型的简单题目开始练习，等孩子会计算简单的题目后再逐渐加大难度；英语方面，多带孩子参加学校里的英语角，鼓励孩子多用英语发言。

让孩子每天都进步，不仅可以增加孩子在学习方面的信心，也可以提高孩子的学习效果。

第三，督促孩子完成计划，并经常检验结果。只有计划远远不够，孩子天性爱玩，做事也有一定的惰性，从一定程度上说，孩子做事通常只有三分钟的热度，刚制订计划的前几天，孩子或许可以按照计划执行，但是时间长了就难免会偷工减料。所以父母应该时常督促孩子要按时完成计划，并教育孩子做事一定不能虎头蛇尾。

一段时间之后，父母可以通过简单的小测验来检查孩子学习的成果，这也是对孩子的一种激励。

父母的鼓励是孩子追求梦想的动力

有时候，父母会觉得孩子的理想追求过于幼稚，从而对孩子冷嘲热讽一番，表达出对孩子理想的不屑一顾。父母这样的行为，只会打击孩子对于追求梦想的积极性，从而使孩子失去追求的动力。

王元今年14岁，是一名初二的学生。由于性格内向，平时在班里，王元总是独来独往，很少与同学们嬉戏打闹。朋友不多的他每天放学后就回到家里待在自己的房间中，要么听听歌，要么看看电影。

有一次，王元看了一部讲述几位年轻人追逐音乐梦想的电影，主人公对音乐的痴迷和热情让王元一下子觉得找到了自己想要实现的目标。于是，王元求着妈妈给他买了一把最普通的吉他。平时只

要一有时间，王元就躲在房间里练习，没有老师，他就买了一本琴谱自学。

王元把时间都花在练琴上，学习成绩一落千丈，父母为此很着急。

这天晚上，刚吃完晚饭，王元就回到了自己的房间。爸爸生气地推开门对王元说："每天不好好复习功课，就知道在屋里弹你的吉他，今天的作业写完了吗？"

"没有。"王元低着头回答道。

"那就先去写作业，我一会检查。"爸爸说完就去外面看电视了。

第二天中午，王元刚把书包放下就直奔卧室，却发现平时放在床边的吉他不见了，他转身就往厨房走去。

"妈，我的吉他怎么不见了？"王元问正在做饭的妈妈。

妈妈放下手里刚洗的菜想了想对王元说："哦，你爸上午回来的时候拿走了，等他回来了问问他。"

临近12点，爸爸才回来。不等爸爸换上拖鞋，王元就迫不及待地问他："爸，我的吉他呢？"

爸爸看着王元说："我的一位同事最近也想学吉他，我就把你的吉他借给他了。有了吉他你就不好好学习了，不如给别人。考大学才是你应该走的路，搞什么音乐，那是你该想的事吗？"

王元听完后生气地跑回房间。

本来就性格内向的王元从此以后更加孤僻了，没有了吉他，他的学习成绩依旧很糟糕，和父母的关系也变得紧张起来。

上例中，当性格孤僻的王元把音乐作为自己的梦想并打算为之努力的时候，却遭到了父母的反对。爸爸只看到了音乐对王元的学习造成不好影响，而忽视了他在精神上的需求。对于孩子的梦想，爸爸不仅没有多加鼓励，反而不断阻挠并把孩子的吉他送给别人，直至让孩子放弃了自己的梦想。

这个例子中，爸爸认为孩子的理想就应该是好好学习，考上理想的大学，当孩子的选择和自己的意愿不符时，就认定孩子的选择是不正确的。其实，孩子选择的理想大部分是基于自己的兴趣爱好，如果父母强行让他改变理想，就会违背孩子本身的意愿。孩子虽然年龄较小，但是也有自己的梦想。梦想没有好坏之分，它不仅对孩子有很大的激励作用，也让孩子有了前进的目标，所以父母要适当鼓励孩子追求梦想。

梦想只是一种设想，要想实现它还需要不断地实践。当孩子发现自己的梦想和现实生活相矛盾时，父母可以帮着孩子一起克服现实中遇到的困难，并告诉他，要想把梦想变为现实，就要付出更多的努力。

所以说，孩子每一步的成长都离不开父母的鼓励，对于他来说这种鼓励是继续追求梦想的动力。

关于如何鼓励和强化孩子的梦想，有以下几点供父母参考。

第一，父母不能打击孩子追梦的信心，而要教孩子学会坚持梦想。

辉辉今年10岁，上四年级。不同于其他顽皮的同龄人，辉辉是个很文静的男生。每次下课以后，当别的男生都冲出教室去操场踢球时，只有他一个人捧着一本课外书津津有味地看着。

今天上语文课时，老师让大家说说自己有什么梦想。有的小朋友说想当科学家，有的则说想当大明星。当辉辉站起来时，他对老师说自己的理想是当一名宇航员。之后，有个小朋友问辉辉什么是宇航员，他说："宇航员就是能进入太空的人。"

大家听后笑了，都说辉辉是在做梦，根本不可能。辉辉伤心极了，回到家后，他把这件事告诉了自己的爸爸，他问爸爸："爸爸，我是不是做不成宇航员啊？"

爸爸对他说："当然能做了，每个人只要努力都可以进入太空哦。电视上那些太空员也是从小男孩慢慢长大的，只是他们一直在坚持自己的梦想，所以最后才能成功。"

此后，爸爸和辉辉一起去书店买了许多关于太空的书籍，并带着他参观了航天馆。看完以后，辉辉对爸爸说："爸爸，我也会努力和这些叔叔一样进入太空的。"

上例中，当辉辉说出自己的梦想后，尽管很难实现，但爸爸也没有打击他的信心，而是鼓励他继续努力，并带着他参观航天馆，了解航空的发展史，并最终让辉辉敢于追逐自己的梦想。梦想的实现是需要孩子付出很多努力的，而父母也要对他进行适当的鼓励，让他在追梦的过程中充满信心。另外，父母要和孩子一起了解实现梦想需要学习哪些知识以及具备哪些技能。任何事情的成功都离不开坚持不懈的努力，父母要给孩子讲述坚持在实现梦想过程中的作用，并督促孩子去努力完成。要做到这一点以下两方面可供参考。

第一，帮孩子分析自身优势，选择最适合自己的梦想。不管孩子的梦想是否会改变，父母都有责任去引导孩子未来的人生方向。这里所说的引导并不是让父母直接告诉孩子应该做什么，如果孩子对父母建议的方向不感兴趣，就应该及时转换话题，而不是重复唠叨。

每个人都有自己的优势和天赋，孩子也不例外。父母平时可以多和孩子聊天，了解孩子最感兴趣的是什么，及时发现孩子的长处。知道孩子擅长的领域后，父母可以为孩子提供几个职业方向的建议并告诉孩子这些职业的工作性质是什么，需要哪些知识储备，未来的收入会怎样，等等。这样可以增加孩子对职业选择范围的了解，同时提高他的人生方向感，并有助于孩子的梦想的实现。

第二，帮助孩子制订计划，使孩子的梦想更容易实现。

兰兰是一名初二的学生，因为从小就喜欢英语，每次考试，兰兰的英语成绩都名列前茅。最近她还要代表学校参加市里举办的中学生英语演讲比赛。

由于很清楚自己在英语学习方面的天赋，兰兰很早就给自己确定了目标——当一名英语翻译。当兰兰把自己的想法告诉妈妈后，妈妈并没有急着对孩子的梦想发表看法。她找到自己一位从事翻译多年的朋友，让她给兰兰讲解了作为一名翻译需要具备哪些条件。和妈妈的朋友聊完后，兰兰对妈妈说："妈妈，我以前觉得当一名翻译只需要英语很好就可以了，今天我才知道，原来成为一名翻译不仅需要熟练掌握英语，还需要有扎实的汉语语言功底和丰富的历史知识。

妈妈让兰兰坐在沙发上并对她说："任何梦想都不是那么容易就能够实现的，现在你还想要实现你的梦想吗？"

兰兰坚定地点点头，妈妈接着说："妈妈觉得，你可以把实现梦想的计划写下来。比如先按时间划分成初中、高中、大学这三个阶段，然后再写出你每个阶段里要达成的目标。这样就可以把大

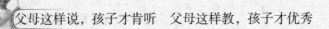

的梦想变成一个个小的梦想，这样一步步来，是不是会更容易实现呢？"

兰兰对妈妈说："妈妈，我现在就去写计划。"

此后的时间里，兰兰一直按照自己的计划执行，每天朝着自己的梦想前进。

上例中，兰兰的妈妈在知道孩子的梦想后，首先让孩子对自己的梦想有一个宏观的认识；其次在梦想的实现上，兰兰的妈妈帮助孩子把大的目标细分成一个个更易实现的小目标。这种做法不仅让孩子在每个阶段都有明确的目标，而且当孩子完成一个小目标后就会更有信心。所以说，把孩子的梦想细化，将大的梦想变成阶段性、短期的小目标，可以让梦想从单纯的空谈进入实际的行动。有了近期的目标和行动指导，孩子的梦想就会更容易实现。

培养孩子的判断力，教会孩子抓住机会

对于机会，我们常说是"可遇不可求"的。而孩子因为年龄和人生阅历的关系，对事物的判断力较弱，因此面对机会时很难会把握住。因此，父母在培养孩子的时候，就应该着重培养孩子对事情的判断力，教他们学会如何判断事物，抓住难得一遇的机会。

张强和乔宇是初二（3）班的学生，两个人平时关系很好，并且都是班里的尖子生。乔宇的爸爸是一名商人，在商场中摸爬滚打许多年，现在已经小有成就。商场中的机会总是稍纵即逝，正是因为善于把握机会，乔宇的爸爸才一步步把生意越做越大，所以他经常教导乔宇要抓住生活和学习中的机会，取得进步。张强的爸爸是一名公务员，每天朝九晚五地上班，虽说工作了好几年，却一直没有得到晋升。单位里其实有许多可以晋升的机会，只是每次领导给张强爸爸安排下任务后，他总是以各种理由推脱。张强在爸爸的影响下变得不擅于把握机会，老师每次要求他做一些事情时也总是拖拖拉拉。

张强和乔宇的学习成绩很好，但是都不喜欢学习英语，每次上英语课也不认真听讲。班主任老师知道后决定想办法提高两个人的英语成绩。

这一天，班主任先把张强叫进了办公室，她对张强说："咱们班一直没有英语课代表，最近英语老师比较忙，我想让你当英语课代表，平时帮老师收发一下同学们的作业。你觉得怎么样？"

张强挠了挠头，一脸为难地说："老师，你也知道我不喜欢学习英语，而且我最讨厌收作业了，每次都要浪费好多时间。咱们班有不少同学的英语成绩比我好，不如让他们来当这个课代表吧。"

班主任让张强回去后又把乔宇叫了进来，她把之前和张强说的话对乔宇说了一遍。乔宇听完以后想了想说："老师，虽然我的英语学得不太好，不过既然您给了我这个机会，我就努力试一试吧。"

于是乔宇成了班里的英语课代表。

作为课代表，乔宇认真履行了自己的职责，每次在收同学们的作

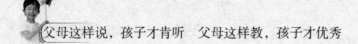

业之前，乔宇都会先检查一下自己的作业，上课时也格外认真。而张强则和原来一样，上课不认真听讲，老师的问题也不会。这次的期末考试，乔宇的总成绩比张强高了十几分，一下成为班里的第一名。原来在担任课代表期间，乔宇花在学习英语的时间上增加了许多，使得英语成绩比原来有了大的提高。

上例中，张强和乔宇受各自家庭的影响，在面对同一个当英语课代表的机会时，张强觉得会耽误时间而选择了放弃，乔宇却决定尽力试一试。虽然乔宇要花很多时间去收同学们的作业，但是为了给学生们起带头作用，乔宇的作业质量比原来提高很多。为了应对老师上课时的提问，乔宇也比原来认真许多，这无形中提高了乔宇的英语水平，并最终让乔宇在期末考试中取得了很高的英语分数。而张强则因为放弃了这个机会，导致自己的英语成绩停滞不前。由此可见，在一个家庭中，如果父母善于把握机会，在他们的影响下，孩子也会变得更有进取心。

孩子的年龄较小，生活阅历也很少，在很多机遇面前并不知道该怎么做。有时候对于很多有难度的挑战，孩子就会选择逃避，这其实是错过了一个可以提升锻炼自己的机会。所以父母这时就应该对孩子进行适时的引导，教孩子学会把握机会。

对于机会，居里夫人曾说："弱者等待时机，强者创造时机。"机会不是等来的，而是要主动去寻找的，所以父母一定要教育孩子并让他们懂得如果学不会把握机会，那他的一生都有可能增加很多无谓的耗费。其实如果仔细观察，我们的生活中是存在很多机会的，父母要多培养孩子抓住机会的意识和能力，更要以身作则，为孩子树立良好的榜样。比如单位组织一次比赛，如果父母有艺术才能，就可以参加歌唱比赛或者舞蹈比赛；

如果父母有体育才能，则可以参加羽毛球、乒乓球之类的比赛。又比如，领导安排的任务，自己要保质保量完成，并积极争取难度更大的任务，以增强自己处理业务的能力。父母的实际行动是对孩子最好的引导，在这种家庭环境下成长的孩子，也会像自己的父母一样勇于展示自己，抓住机会。

所以，教孩子学会把握机会，不仅有利于培养孩子诸多的优秀品质，而且可以拓宽孩子的眼界，锻炼孩子的胆识，让孩子变得更有能力。

如何教孩子学会把握机会，有以下几点供父母参考。

第一，父母多留意身边的小事，寻找可能存在的机会。

李颖的儿子峰峰今年上小学六年级，其他科目的成绩都不错，唯独数学比较差。李颖希望老师能多叫自己的孩子回答问题，这样可以让孩子上课更集中精神，可是老师大多喜欢叫数学成绩好的同学，于是，李颖想了一个办法。

第二天晚上，李颖把峰峰叫进卧室对他说："峰峰，你们数学老师是不是经常在黑板上写板书呢？"

"嗯。"峰峰回答道。

"那你有没有看到老师每次擦完黑板用什么擦手呢？"李颖接着问。

"我记得老师只是把两只手拍一拍就继续上课了。"

李颖把一包湿纸巾放在峰峰的手上对他说："那你明天上数学课的时候把这包纸巾放在老师的讲桌上，等老师擦完黑板后让老师擦擦手，知道了吗？"

第二天，峰峰照着李颖的话做了。数学老师本来很少注意到这个成绩中等、个子小小的男孩，但是全班只有他一个人为自己准备了擦手的湿纸巾。于是，以后每次上数学课，老师都会叫峰峰回答问题，进行完随堂小测验后也会把峰峰叫到办公室，给峰峰讲解出错的题目。就这样，峰峰的数学成绩越来越好，渐渐成为班里的尖子生。

例子中李颖利用上课中很少有人注意的小事，成功地让数学老师注意到自己的孩子，为孩子赢得了机会并最终提高了孩子的数学成绩。生活中的平凡小事往往潜藏着许多机会，我们发现许多人之所以会成功，其实就是比别人多了一双能发现蕴含在平凡生活中的机会的眼睛。

第二，父母要打好平时的基础，时刻准备迎接机会。俗话说："机会只青睐于有准备的人。"因为只有准备好了，才有能力应对机会。所以，父母如果想更好地抓住机会就必须先打好自身基础。那么如何打好基础呢？首先，父母必须具备某一方面的技能。比如有的父母文艺才能比较好，平时可以多加练习，避免生疏。单位举行晚会时，父母就可以积极参与，或是弹弹琴，或是唱首歌，不仅贡献了自己的一份力量，更让领导和同事看到了自己的才艺。以后如果还有类似的机会，领导就会第一时间想起他。其次，光有能力还不够，父母还需要拥有敢于展示自己的勇气。有的父母因为羞于表达，就会错失很多机会。所以在平时工作中，一旦发现有自己的用武之地，父母就应该毛遂自荐。父母如果积极地把握机会，孩子也会渐渐地敢于表达和展现自己。

第三，鼓励孩子利用自身优势抓住机会。

小薇有着一副甜甜的嗓子。以前小学时每次上语文课，小薇总是被老师点名朗读课文，现在上了初中，语文老师不再要求同学站起来读课文，小薇的好嗓子一下没了用武之地，她有点失望。

有一次，小薇看到学校的通知栏上新贴出一张通知，上面写着学校广播站要招收一批新的播音员，欢迎广大新生报名。回到家后，小薇把这件事告诉了父母。知道自己的女儿很喜欢朗读，只是胆子太小，妈妈对小薇说："孩子，你有着非常好的嗓音条件，正是做播音员的最佳人选，妈妈支持你去参加。"

"可是，我害怕，万一我没有选上呢？"小薇对妈妈说。

妈妈温柔地对小薇说："如果没有选上也没有关系，至少你有了一次宝贵的经历啊。等到下次再遇到这样的机会，你是不是就比其他同学有经验了呢？而且现在你最应该做的是多加练习，争取抓住这次的机会，对不对？"

小薇在妈妈的鼓励下递交了报名申请，面试中小薇嗓音悦耳、大方得体，最终得到了广播站老师的肯定，成为校广播站的播音员。

例子中小薇的妈妈很清楚自己的孩子有着非常好的嗓音条件，所以她鼓励孩子参加播音员的应聘，并最终使孩子获得了这次机会。每个孩子的特点是不一样的，父母一定要善于发现孩子的优势，并鼓励孩子在自己有优势的领域继续发展。这样不仅可以培养孩子的自信心，也提高了他们的能力。

把不进则退的道理告诉孩子

人生就是一场不进则退的行程，如果一个人遇到困难就一味退缩，那么他永远也无法前进一步。在孩子的成长道路上会遇到很多挫折和困难，父母要在孩子经受挫折前或在挫折中把不进则退的道理告诉他，让他学会在逆境中成长。

琪琪今年上小学四年级，因为在上个学期的期末考试中取得了很好的成绩，她整个暑假都过得很开心。邻居们都夸赞琪琪是个聪明的孩子，爸爸妈妈也看在琪琪考试考得不错的份上没有给她报补习班。就这样，琪琪度过了一个轻松的暑假。

新学期开始了，琪琪在上学期的成绩不错，也认为自己很聪明，不需要费多大力气就能取得好的成绩。因此，琪琪在老师讲课之前不认真预习功课，上课也开始走神。

下课后老师找琪琪谈话："琪琪，最近怎么了？暑假已经结束了，要把心放在学习上，你最近的学习态度不够端正，老师提醒你注意一下。"

琪琪听完很不以为然，心想："我那么聪明，考试一定能考好。"于是仍旧我行我素，不认真听老师讲课，在课下做作业时也养成了眼高手低的习惯，看到会做的题就直接略过了。殊不知，琪琪错过了好多发现错误的机会，就这样，新的知识不能及时掌握，在学习过程中便越来越吃力。到下次测验之前，琪琪开始着急了，每天临时抱佛脚学习到很晚，但是仍旧没有挽回她的成绩，排名也退步了不少。

上例中，琪琪是个聪明的孩子，但是取得一些成绩后便开始自满。他人的夸奖更使琪琪在内心中产生一种骄傲的情绪。这样的琪琪，学习退步是在所难免的。因此，孩子在学习中一旦缺少脚踏实地的钻研精神，仅仅停留在过去所取得的成绩中，不在新的学习过程中付出劳动与汗水，是不会有收获的。我们说聪明、智商高的人只是比常人在学习新知识的过程中理解能力更强，接受得更快，但并不意味着聪明的人不需要学习就能掌握知识。在求学路上始终保持一颗谦逊的心，才能学到更多的知识。

父母在面对孩子取得好的成绩时，不能仅仅只对孩子进行表扬，更要教给他不进则退的道理。只有将现阶段的学习方法运用到之后的学习中时，孩子才能一直保持好的状态。

孩子只有时刻保持一颗上进心，不满足于眼前的成绩，这样才会不断进步，才能成就卓越人生。当孩子以更高的标准要求自己、精益求精，才能够具备钻研的精神，保持严谨的态度。不满足现状的孩子不仅能在学习中进步，在生活中也会井井有条，合理安排自己的时间，将生活过得丰富多彩。

很多孩子容易满足，当取得一些成绩时被周围人一夸赞就很容易自我膨胀，停滞在所取得的成绩上。父母应该引导孩子培养正确的学习态度，不被自满情绪包围，始终保持一颗上进的心。父母要培养孩子积极进步的

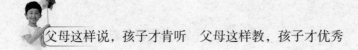

态度，可以从以下几方面帮助孩子。

第一，教育孩子要保持一颗上进心。

李芳是个普通的学生，在班里成绩不上不下，而且长期保持这样的状态。妈妈观察李芳，发现她只有在成绩退步时才会努力。面对缺乏上进心的李芳，妈妈和她进行了谈话："芳芳，你这次考试在你们班第二十名，成绩还算可以。但是仅仅保持这个成绩是不行的，妈妈去问了老师，老师说，以你现在的名次很难升入重点中学。如果你不保持一颗上进心的话，就会始终在这个名次徘徊，你想想怎么办？"

李芳认识到了事情的严重性，开始在学习中下功夫，最终考进了重点中学。

上例中，李芳起初没有认识到问题的严重性，妈妈对她的谈话激发了她对升入重点中学的渴望，因而产生上进心。有时候，孩子没有上进心是没有认识到事情的重要性，父母在旁边适当提醒，会帮助孩子树立目标，激发孩子的斗志，进而挖掘自身的潜能。这样，孩子在取得一定的成绩之后仍会提醒自己"这不是终点，我仍然要努力"。唯有让孩子保持一颗上进心，才能够忘记过去的荣誉，脚踏实地地钻研、进步。

第二，教育孩子在求学路上保持谦逊。"路漫漫其修远兮，吾将上下而求索"，求学路途漫长而艰辛。孩子若想取得成绩，不仅要具备吃苦的精神，更要以谦逊的态度来面对。如果孩子在取得一些成绩时就产生骄傲自满的情绪，那么对于之后的求学路是很不利的。孩子不仅认识不到新知识的重要性，更会忽视课前预习、课后复习，不认真对待老师的课堂讲解，最终使自己落后于他人。

孩子只有在求学路上保持一颗谦逊的心，才能更认真地对待学习，时刻反思自己的不足，以谦虚的态度求教于他人，在每一阶段都能进步，这样才能成为优秀的人才。

第三，帮助孩子全面发展。

成成今年上初二，偏爱理科，不爱文科。每次考完试，成成的成绩单上总是分成两个极端，理科的接近满分，文科的则在及格线徘徊。爸爸妈妈为了让成成能够具有比较全面的知识结构，就找来一些世界名著让成成阅读，并要求他一周上交一篇读后感。另外，每当成成读完一本名著时，爸爸妈妈就找到相关的影视剧让成成观看。这样不仅激发了成成阅读的兴趣，更提升了成成的文学素质。

上例中，成成重理轻文，为了能让成成全面发展，父母采取了相关措施激发成成的兴趣。现如今，父母不能因为孩子一方面优秀就沾沾自喜全面发展、综合能力强的孩子才是时代所需要的。木桶只要存有一个豁口就装不满水，孩子的短处会制约他的发展，而补足孩子的不足，才能让孩子容纳更多的知识。对比，父母不仅要帮助孩子守住优势，更要帮助孩子改劣为优。